Comida
de criança

Dados Internacionais de Catalogação na Publicação (CIP)
(Câmara Brasileira do Livro, SP, Brasil)

Lobo, Cláudia
   Comida de criança : ajude seu filho a se alimentar bem sempre / Cláudia Lobo. São Paulo : MG Editores, 2010.

   Bibliografia.
   ISBN 978-85-7255-066-6

   1. Crianças – Nutrição – Aspectos psicológicos 2. Desnutrição – Psicologia 3. Distúrbios alimentares em crianças – Psicologia 4. Fisiologia da nutrição infantil I. Título.

10-11123   CDD-613.2083

Índice para catálogo sistemático:
1. Crianças : Nutrição : Promoção da saúde :
Ciências médicas 613.2083

Cláudia Lobo

Comida de criança

Ajude seu filho a se alimentar bem sempre

inclui mais de 50 receitas

MG EDITORES

Editora executiva: **Soraia Bini Cury**
Editora assistente: **Salete Del Guerra**
Assistente editorial: **Carla Lento Faria**
Capa e projeto gráfico: **Rawiski Comunicação**
Diagramação: **Acqua Estúdio Gráfico**
Fotos: **www.cn5studio.com.br/Claudia Novaaes**
Impressão: **Geográfica Editora**

MG Editores
Departamento editorial
Rua Itapicuru, 613 – 7º andar
05006-000 – São Paulo – SP
Fone: (11) 3872-3322
Fax: (11) 3872-7476
http://www.mgeditores.com.br
e-mail: mg@mgeditores.com.br

Atendimento ao consumidor
Summus Editorial
Fone: (11) 3865-9890

Vendas por atacado
Fone: (11) 3873-8638
Fax: (11) 3873-7085
e-mail: vendas@summus.com.br

Impresso no Brasil

Aos meus filhos, Lucas e Beatriz.
Minhas fontes de inspiração.

Agradecimentos

Agradeço àquele que É, aos meus pais, Flávio e Terezinha, aos meus irmãos, Wagner, Alexandre e Márcia, aos meus filhos, Lucas e Beatriz, ao meu esposo, Alexandre, e à minha amiga Cíntia, sem os quais a realização deste meu sonho não teria sido possível.

Agradeço também aos que fizeram o papel de "críticos literários" e primeiros leitores deste livro: minha mãe, meu esposo, minha irmã, minhas cunhadas, Glenda, Márcia, Cláudia e Adaci, e, em especial, à minha amiga Nelci.

Ainda, a todos aqueles que acreditaram em mim.

Você faz suas escolhas e suas escolhas fazem você.

Steve Beckman

Sumário

Parte IV

Parte V

Anexos

Referências bibliográficas

Big Bang – O começo

Parte I

Acho que já vi esse filme!

"Eu não gosto de salada!
Não vou comer isso aqui, não!
Não tô com fome, mãe!
Detesto esse negócio verde aqui no meu prato!
Já falei que eu não gosto disso aqui, mamãe!
Ah, manhê, por que eu tenho que comer isso?
Não gosto...
Não quero...
Não vou comer...
Tira esse troço do meu prato!
Cadê a batata frita?"

Essas frases fazem que você se lembre de alguma coisa?

Pois é. Todo mundo que eu conheço está, esteve ou conhece alguém desesperado porque o filho só quer comer fora de hora, gosta do que não deve, pede a mesma comida todo santo dia (batata frita, macarrão instantâneo e salsicha) e, ainda por cima, só tem apetite quando quer e para aquilo de que gosta.

É o prelúdio do inferno no paraíso doméstico!

Você fala e seu filho finge que não escuta, você briga e ele fica emburrado, você ameaça e ele faz birra, você cede e cria um pequeno ditador, você barganha e cria um tirano, você grita e ele chora, você desiste e ele vence. É quase sempre assim. Brigas entre pais e filhos por causa de comida inadequada acontecem todos os dias na maioria das casas. E na sua casa a culpa por isso... é totalmente sua!

Sim, desculpe-me, mas essa é a pura verdade: você é responsável pela qualidade e quantidade do alimento que seu filho come.

Calma! Sei que neste momento, se ainda estiver lendo este livro, você deve estar gritando comigo: "Eu, culpada? Você nem me conhece! Sabe, por acaso, quanto me esforço para meu filho comer direito? Sabe quantos livros, como este seu, eu já li para tentar solucionar o problema? Sabe quanto gasto no supermercado com o que ele deveria comer e não come? Não imagina como é difícil lidar com ele! Eu já tentei de tudo, até ao médico já o levei. Nada adianta, ele não me escuta. Aliás, ele não escuta ninguém, só faz o que quer. O pior é que ninguém me ajuda, todo mundo só faz o que ele quer e..."

Com exceção do endereço e nome dos envolvidos no processo, a história é sempre a mesma. Sei como você se sente porque também sou mãe, tenho duas crianças pequenas, sofro as mesmas coisas que você. Já briguei muito com meus filhos, já barganhei, ameacei, chorei, castiguei e até dei prêmios. Ainda sofro com os boicotes alimentares do resto da família; também já tentei de tudo!

Mas, por favor, antes de fechar este livro, dê-me uma chance de explicar-me. Por favor, pense comigo. Ou melhor: pegue uma folha de papel, um lápis e responda às questões a seguir (alguém me disse certa vez que tudo que é importante deve ser escrito, e isto é muito importante):

- Como é a sua alimentação?
- Quais são seus horários de alimentação?
- O que você come todos os dias?
- O que você come de vez em quando?
- O que você come aos finais de semana?
- Quanta água você bebe por dia?
- Como você mastiga? (Não, não é o caso de dizer se com a boca aberta ou fechada.) Quantas vezes mastiga cada porção de alimento? Quanto tempo demora para terminar cada refeição?

Escreva tudo de que se lembrar — de bom e de ruim — sobre sua alimentação, com honestidade, por favor. Ninguém além de você verá o que está escrito nessa folha.

Dobre-a e guarde-a bem guardada. Em outra folha de papel, responda às questões:

- Que exemplos de vida saudável você tem dado a seu filho?
- Como você lida com o estresse? Descreva os exercícios físicos que pratica e cite os dias e horários em que os realiza.
- Qual seu *hobby* preferido? Quanto tempo você dedica a ele?
- O que você faz nos momentos de lazer?
- Fuma? Bebe? Com que frequência? Faz isso em casa?
- A que tipo de programa assiste na TV? Durante quantas horas por dia?
- O que e quanto lê?
- Quanto tempo você dedica ao computador quando está em casa?

Em uma nova folha, anote como você cuida de seu filho:

- Quanto tempo por dia você dedica a conversas e brincadeiras com seu filho?
- Quantas vezes você aguenta repetir as mesmas histórias que ele adora ouvir?
- Onde você o leva para passear? Com que frequência?

- Que músicas ouvem juntos? A que programas de TV assistem juntos?
- Como você lida com as angústias diárias dele? O que faz para ajudá-lo a lidar com o estresse?
- Como e com que frequência você expressa seus sentimentos de amor, carinho e respeito por ele?
- O que e quanto você cobra de seu filho?
- Como você ensina a ele o que faz bem à saúde e o que não faz?
- Como você o orienta quanto à higiene pessoal (banho, limpeza dos dentes, das mãos e do cabelo, corte das unhas etc.)? Deixa por conta dele, ajuda-o verbalmente, demonstra como se faz ou faz você mesma?
- Como você o orienta na hora da alimentação?
- Que responsabilidades e decisões importantes você transfere para sua pequena e imatura criança?

Está se sentindo péssima? Por quê? Fiz você pensar em coisas que não gosta de admitir nem para você mesma? Minha intenção, na verdade, foi mostrar que os seus hábitos de vida e sua maneira de lidar com as diversas situações do dia a dia repercutem na formação de seu filho, inclusive em sua alimentação.

É muito bom que você veja o que muitas vezes passa despercebido na correria diária, como a falta de tempo para se exercitar; quão pouca água você toma por dia; quantos alimentos pouco nutritivos e muito calóricos você come com frequência; quão carente de sua presença e de seus cuidados diários seu filho está; quantas responsabilidades são transferidas para sua criança, sem que ela tenha maturidade ou conhecimentos suficientes para enfrentá-las. Enfim, é terapêutico saber. Saber para poder mudar.

Lembre-se: conhecimento é poder! Você pode mudar se souber o que deve ser mudado.

Bem... De qualquer forma, não foi para receber uma lição de moral ou para ouvir — ou melhor, ler — uma lista de seus hábitos ruins que você adquiriu este livro. Antes de tratar de soluções para conseguir que seu filho se alimente melhor, deixe-me apenas lhe contar uma história — provavelmente você já a conheça — que é ótima para ilustrar o que virá a seguir.

Era uma vez...

... uma linda menina, meiga e muito simpática.

Sempre sorridente e engraçada, ela era a alegria de toda a família, o centro das atenções. Era muito amada, bem cuidada, sempre limpa e arrumada.

Era tão cativante que ninguém conseguia lhe dizer "não", para o que quer que fosse. Quando alguém tentava, ela fazia beicinho e enchia os olhos de lágrimas.

Como toda criança pequena, a menina era cheia de vontades, e por isso aprendeu a comer errado desde cedo.

A princesinha comia de tudo. Sim, comia de tudo que queria, quanto e quando queria. Era uma pequena tirana.

Era também extremamente difícil convencê-la a comer algo diferente — como uma cenoura, por exemplo. Era um tal de "Num goto" pra cá, "Num queio" pra lá, até que um dia todo mundo parou de insistir. "Fazer o quê? Criança é assim mesmo!"

A mãe, sempre muito bem-intencionada e solícita, oferecia as comidinhas preferidas da filha: leitinho com chocolate bem docinho, salgadinhos, pudinzinhos, franguinho frito (com crianças pequenas é assim: tudo no diminutivo!), salsicha com purê de batata, macarrãozinho instantâneo, bolachinhas, doces e balinhas.

A menininha cresceu e foi para a escola, mas continuou comendo errado, assim como todos os seus amiguinhos. Dizia sempre "não" às saladas. Legumes cozidos? Nem pensar! Frutas, só de vez em quando. Macarrão instantâneo, salsicha, batata frita, salgadinho e bolacha recheada eram seus alimentos preferidos e ninguém a questionava, pois faziam (e ainda fazem) parte do que se tornou conhecido por todos como "comida de criança".

A mãe se preocupava, é claro, e tentava manter um bom padrão na alimentação da filha, mas a menina recusava qualquer alimento diferente e exigia sempre suas comidas preferidas. A mãe sabia que não era correto ceder, é óbvio, mas... "Coitadinha, ela é só uma criança, dá dó! Deixem-na comer enquanto ainda pode, depois, quando precisar, ela aprende" (?)

Quando essa criança chegou à adolescência, sua alimentação piorou um pouquinho. Não gostava de nada que a mãe preparava em casa, preferia comer "na rua" com e como seus amigos. Hambúrguer com muita batata frita e *ketchup*, chocolates, brigadeiros, sorvetes, *milk-shakes*, pizzas, salgadinhos, muito refrigerante.

Nessa fase, a mãe começou a se preocupar de verdade. Pedia, cobrava, insistia, brigava, gritava, castigava; enfim, culpava a menina: "Eu lavo as minhas mãos! Ela sabe que não deve comer essas porcarias, mas não me escuta. Já contei sobre o avô que morreu cedo porque ficou com as artérias entupidas de tanta comida gordurosa, mas ela não me dá nenhuma atenção. Fiz a minha parte, agora é com ela. Vou continuar tentando, mas duvido que adiante alguma coisa".

Quando a garota estava em casa, comia qualquer coisa, desde que não fosse verde, fresca ou, de acordo com a mãe, saudável. Preferia alimentos que viessem em pacotes e prontos para comer, ou cujo trabalho para preparação fosse mínimo.

Assim, essa adolescente só consumia pipoca, salgadinhos, fritas, chocolate, bolacha recheada, bolo, jujubas, macarrão instantâneo e refrigerante. A preocupação com a saúde e a expectativa de vida ainda estava longe de seus pensamentos, mas...

... À medida que a fase da adolescência foi avançando, os anos começaram a passar um pouco mais depressa até que, em dado momento, clique! Houve um instante de terror: no dia do primeiro encontro com o namorado, a jovem passou pelo espelho, voltou, olhou-se de novo com mais atenção e entrou em pânico. O que eram aquelas protuberâncias moles e disformes nas coxas, na cintura, na barriga e no... queixo? "Meu Deus! Justo hoje, justo comigo! Não pode ser!", pensou a jovem.

Obviamente, nem por um momento ela havia parado para se preocupar com a gordura que já se acumulava nas artérias e envolvia perigosamente os órgãos internos. Afinal, que jovem se preocupa com adições de gordura antes de prejudicarem a aparência? "Esse tipo de preocupação é coisa de gente velha", pensam. No entanto, algo precisava ser feito com urgência, pois sua aparência pedia socorro e a concorrência era grande. Enquanto vestia a cinta elástica da mãe, a jovem tomou a decisão de mudar.

Revistas e mais revistas que ensinam como perder cinco quilos em sete dias foram compradas e devoradas.

Uma festa se aproximava e ela iniciou sua tática de guerra: revista enfocando o assunto, dieta, fome. Um sufoco!

"Ufa! Consegui! O vestido da festa coube!"

No dia seguinte à festa, a jovem pôde relaxar e tudo voltou ao que era antes. Em poucos dias, ela disse "olá" aos cinco quilos que havia conseguido perder e "muito prazer" a uns 400g que vieram de presente.

Após diversas tentativas frustradas, ela arriscou vários tipos de mudança nos hábitos alimentares, na maioria das vezes com exagero. Deixou de jantar e seguiu dietas da moda, ou seja, da lua, do sol, das proteínas, carboidratos, barrinha de cereal, abacaxi, sopa, arroz, pão, melão, tomate, do dia sim, dia não etc. Dava até para ouvir o som da sanfona: perde, ganha, perde, ganha, perde, ganha... Fácil prever a catástrofe iniciada no organismo dessa jovem. Estica, murcha, estica, murcha, fome, abundância, fome, muita gordura, fome, muito doce... Até quando seu corpo aguentaria tanta inconstância e incoerência alimentar?

Ela fez promessas de início de dieta no ano-novo, na segunda-feira, entregou-se a "milagrosos" remédios, fórmulas e *shakes* usados pelos artistas da TV, gel anti-isso, antiaquilo, massagens, acupuntura, bicicleta (por três dias e o tempo ficou curto para continuar, é claro!), caminhadas ("Credo, minhas pernas ficaram formigando, nem pensar!"), academia ("Aquelas meninas de barriga chapada, bunda redonda, e o professor nem olhou na minha direção. Eu devia estar fazendo tudo errado e ninguém deu a mínima. Também, com esses pneus de trator, que vergonha! Chega! Não volto mais!" — e cumpriu de bom grado essa promessa).

Tentou também as injeções de bolor da casca de mexerica podre africana — eram a última moda — e disse que tentaria ainda tudo que prometesse um emagrecimento rápido, de preferência sem muitas restrições alimentares, é óbvio, pois tal vantagem deveria compensar os preços exorbitantes. "Por favor, vai! Pelo menos sem proibir o chocolate e a pizza, pois esses dois eu não consigo deixar! Minha nossa! É tão difícil ver aquela torta de chocolate coberta com chantili e morangos e não poder comer nenhum pedaço! Além do mais, o que são só quinze sessões de vinte e cinco espetadas de agulha pelo corpo para injetar aquele líquido de nome engraçadinho que me disseram ser um espetáculo para queimar as gorduras localizadas?! Tudo bem, eu fiquei com alguns hematomas pelo corpo, mas tudo absolutamente normal, me garantiram. E o melhor é que eu pude pagar em dez vezes sem juros no cartão de crédito! Mas infelizmente não funcionou, acho que tenho problema de glândulas ou algo assim."

"Ah, falaram-me de um médico maravilhoso, que fez milagres por uma amiga de uma amiga minha. Criei coragem, fui até lá e adorei! Comecei a tomar um comprimidinho que ele me receitou, uma beleza! Não sentia mais fome, segui a dieta direitinho e perdi seis quilos no primeiro mês; no segundo mês, vacilei um pouco na dieta e perdi só um quilo; no terceiro... bem... eu desisti, estava louca por um chocolate, comi uma caixa inteira de bombons e não tive coragem de voltar ao médico. Que pena!"

"Mas não tem problema, descobri outro médico também muito bom, tio do namorado de uma conhecida minha. Estou tomando outro remédio que está me ajudando muito, já perdi três quilos. Tudo bem, o remédio deixa minha boca seca, deixa um gosto ruim, mas para isso existem os chicletes e as balas de hortelã. E dá insônia, mas eu tomo outro remédio pra dormir e tudo bem. Eu sei que ele está consumindo meus músculos também, mas dá resultado na balança! E não me amole!... Ai, desculpe, mas é que o remédio também dá um nervoso!"

E o tempo continuou passando, inabalável, sem misericórdia...

A jovem, já mulher, casou-se e engordou um pouco, sem muita culpa, pela primeira vez na vida. Afinal, já estava casada, podia respirar mais aliviada, todas as amigas também se casaram e engordaram um pouco.

Teve um filho, um lindo menino, que aprendeu a comer errado desde pequenininho. Sua mãe, sempre muito bem-intencionada e solícita, preparava as comidinhas preferidas do filho: leitinho com chocolate bem docinho, salgadinhos, pudinzinhos...

E a história se repetia com seu filho.

Enquanto isso, o corpo dessa mulher, a cada porção de todo aquele lixo tão gostoso que ela continuava comendo apesar das tentativas de mudar, pedia socorro, sofria, agonizava, até que a saúde o abandonou. À mulher restou uma expectativa de vida muito menor, uma qualidade de vida medíocre, contas enormes na farmácia, horas e horas gastas com médicos, exames, tratamentos; para não falar da obrigação de mudar a alimentação e deixar de vez o sedentarismo. Isso para viver um pouco mais e para tentar evitar um infarto fulminante aos 50 anos de idade.

Essa é a história de muitos, inclusive a minha. Qual é a sua história? A história da sua mãe se repetiu com você? Será que a sua história está se repetindo com seu filho?

Será que, como as mães dessa história, você está, sem querer, transferindo para seu filho uma responsabilidade que é sua? Será que você não tem nenhuma culpa pela alimentação errada, insuficiente, monótona e carente de ajustes nutricionais de seu filho? Bem, a culpa não é só sua.

Todos somos escravos da industrialização, da propaganda e do marketing. Somos muito vulneráveis a eles, que nem sempre (quase nunca!) são justos ou verdadeiros conosco. Parte da culpa é desse famigerado trio.

O pai da criança, os avós (tentando agradar sempre), a babá, os colegas, a escola, todos contribuem para essa alimentação errada. O que importa agora é que a bola ainda está rolando e neste momento está com você. Você decide o que fazer com ela. Você tem todo o poder.

E certamente agora, quando você pensa em seu filho — ou naquele que pretende ter —, deseja orientá-lo melhor e poupá-lo das consequências, que tanto conhecemos, de uma alimentação errada.

Não importa a idade de seu filho: nunca é cedo ou tarde demais para começar a comer corretamente. Torna-se mais difícil, claro, quando se tem um hábito errado já instalado, como no caso da menina da história, mas não é impossível mudar. E as recompensas para seu filho, para você e para sua família serão incríveis.

Ao trabalho!

Neste livro, vamos falar sobre alimentação de crianças, na fase pré-escolar e escolar, saudáveis do ponto de vista médico. Consulte o pediatra de seu filho para tirar suas dúvidas a esse respeito.

As fases pré-escolar e escolar compreendem crianças de 2 a 12 anos de idade. Sabe-se que é durante esse período que os hábitos alimentares são delineados; assim, o objetivo deste livro: **é fazer que as crianças desenvolvam bons hábitos alimentares e de vida**.

Criar um hábito requer tanta responsabilidade quanto criar um filho. O hábito adquirido, seja ele bom ou ruim, fará parte da identidade de seu filho, determinará muitas de suas escolhas futuras, participará de toda a sua história de vida e de morte.

Além disso, trabalhar os hábitos é muito mais fácil em se tratando de crianças. Desde que nascem até mais ou menos os 12 anos, elas imitam aqueles que admiram e em quem confiam.

Para facilitar a leitura deste livro, vou me referir ao(s)/à(s) seu(s)/sua(s) filho(s)/filhas(s) de maneira genérica e considerando um único filho. E vou me referir a você, leitor(a), considerando-a mulher. Estatisticamente, são as mulheres que mais apreciam a leitura de livros como este. Porém, saúde é para todos e é sobre saúde que falamos aqui; trata-se de um tolo preconceito essa história de que as mulheres se preocupam mais com os filhos e com a saúde do que os homens.

Se você, leitor, é do sexo masculino, não se sinta mal, não pare a leitura por eu me referir a você como mulher. A propósito, parabéns por estar à frente do seu tempo, quebrando barreiras e preconceitos que só tornam as pessoas mais ansiosas ou alheias à realidade. Preconceito é perda de tempo e de oportunidades; ao não ler este livro, por exemplo, o preconceituoso perde em saúde e qualidade de vida.

O que fazer para que seu filho desenvolva hábitos alimentares saudáveis?

Quando tentamos mudar nosso próprio comportamento e desenvolver hábitos saudáveis, encaramos uma tarefa difícil, cansativa, que exige concentração e perseverança. Quando tentamos estimular outra pessoa — como um filho, por exemplo — nesse sentido, o trabalho é dobrado. Mas, com esclarecimento e organização, você conseguirá que seu filho aprenda a desenvolver hábitos de vida mais saudáveis, e, se você fizer um bom trabalho, tais hábitos transcenderão a fase em que é você quem decide o que ele vai comer. Quando ele fizer as próprias escolhas, optará pelo certo — e fará isso com prazer.

É você quem deve ir à luta. Não se iluda achando que seu filho vai aprender alguma coisa sobre hábitos alimentares saudáveis e que vai mudar seus hábitos errados só porque você preparou algumas das receitas deste livro e ele gostou, ou porque ele a ouve dizer **todos os dias** que ele precisa comer as verduras do prato. Se considera isso suficiente, desista! Volte para suas palavras cruzadas e deixe seu filho à própria sorte. Pode ser que a escola lhe ensine alguma coisa, ou algum programa na TV...

Mas, se você realmente está disposta a proporcionar a seu filho um futuro mais saudável, prossiga nesta leitura, arregace as mangas e mãos à obra. Não desista antes de começar. O resultado será recompensador.

Espelho

Vamos então começar por **seus** hábitos alimentares e de vida.

Como dissemos antes, o poder é seu, a bola está com você, só você poderá fazer que as coisas aconteçam direito. Não há outra saída. E, infelizmente, não existe essa história de "Faça o que digo mas não faça o que faço", muito menos o "Coma o que digo mas não coma o que como". Não se iluda!

Toda criança – vale a pena repetir – imita aqueles em quem confia e que admira, portanto, **seu** filho **a** imita. Se você grita, ele grita; se você come errado, é isso que ele fará. Simples assim.

Por isso, é preciso policiar-se, dar o exemplo. Deixe que seu filho veja o que você pôs no seu prato, deixe-o vê-la comer, saborear, mastigar, e convença-o de que está gostando da comida. Não precisa dizer nada, gestos dizem muito mais que palavras. Seu filho, independentemente da idade, sempre a observa, sem que você perceba. Ele se espelha em você. Imagine se ele vai aceitar tomar suco de fruta se você estiver bebendo refrigerante, ou se vai comer cenoura se você estiver comendo batata frita. Ele comerá o que você come. Lembrar-se sempre disso é um dos itens mais importantes.

Você que detesta legumes, ama frituras, só caminha no *shopping* ou do computador para o banheiro deve estar se perguntando o que fazer. Antes de tudo, ame-se!

Para não perder a saúde devemos cultivá-la, dia a dia. É só lembrar a história do começo do livro.

Você tem se descuidado? Esqueça o que passou, olhe para a frente, tome uma decisão de mudança. Mudança real e duradoura.

Somos aquilo que está em nosso sangue, e o que está em nosso sangue é o que comemos. Pense em tudo que uma boa alimentação e uma nutrição eficiente de todas as células de seu corpo podem lhe dar. Pense numa pele perfeita, lisa, hidratada, firme e sem manchas, com brilho e elasticidade. Pense em cabelos saudáveis, sedosos e reluzentes. Pense em unhas fortes e brilhantes, em olhos vivos e radiantes, sorriso limpo e cintilante. Pense em todas aquelas "ites" – sinusite, bronquite, gastrite, faringite, rinite etc. – como coisas do passado. Pense na possibilidade de ter mais disposição, vitalidade, bom humor e alegria. Pense em sono tranquilo, beleza, aparência mais jovem, ter a balança como uma amiga, em ver as colegas disfarçando a inveja. Pense em saúde e longevidade. Pensou?

Agora feche os olhos... respire... visualize... sinta... Não sentiu?

Se ainda não a convenci, quem sabe os números a convençam.

Vejamos a seguir o número de óbitos provocados por doenças crônicas ocorridos no Brasil em 2003 — e quantos deles poderiam ter sido evitados com alimentação adequada.

Doenças crônicas (CID-10)	Número de óbitos	Percentual de mortes evitáveis	Número de mortes anuais evitáveis (atuais)
Obesidade e outras formas de hiperalimentação (E65-E68)	1.018	90	916
Diabetes (E10-E14)	37.451	90	33.706
Doenças cerebrovasculares (I60-I69)	88.923	50–75	44.462–66.692
Doenças isquêmicas do coração (I60-I69)	83.122	50–75	41.561–62.342
Outras doenças cardiovasculares	101.706	50–75	50.853–76.280
Neoplasias (cânceres) (C00-D48)	134.573	30–40	40.372–53.829
Doenças relacionadas com o álcool	536	–	–
Total	**447.329**	**–**	**211.870–259.143**

Fonte: Ministério da Saúde/SVS/Dasis, 2004.

Essa tabela nos mostra o "Percentual de óbitos potencialmente evitáveis por meio de uma alimentação adequada. Verifica-se que entre 40% e 90% dos óbitos por doenças crônicas não transmissíveis, de acordo com o grupo de doenças, **podem ser potencialmente evitados se a população tiver garantido o acesso universal a uma alimentação adequada e saudável**".

O grifo é meu, mas as palavras são do Ministério da Saúde, tendo sido publicadas no *Guia alimentar para a população brasileira* (Brasil, 2006). Referem-se a números de nosso país, de nossa realidade. É um fato concreto: alimentação errada mata! E está matando um número cada vez maior de pessoas ano após ano, inclusive crianças e adolescentes, a ponto de a alimentação errada ser considerada pelo governo federal um problema de saúde pública, sendo tratada como tal. Essa dura realidade está muito mais próxima de você e da sua família do que você possa imaginar.

Por que escrevi este livro? Independentemente de minha formação acadêmica ou de minha profissão, considero-me, antes de mais nada, uma profissional promotora da saúde. Quando trabalhamos com a saúde, mais especificamente com sua promoção, percebemos quanta desinformação existe nesse universo tão rico em dados em que vivemos atualmente.

As pessoas **acham** que sabem muito sobre diversos assuntos, sentem-se capazes de discutir, de igual para igual, com os verdadeiros especialistas de qualquer área. Quando o tema é alimentação, não é diferente; todos **acham** que sabem muito sobre o assunto, pensam estar fazendo o melhor e garantem que estão escolhendo os alimentos certos.

Agem assim porque consideram muito mais verossímil o que dizem sobre alimentação as revistas, os jornais, os programas de TV, os *sites* e os livros leigos de gente famosa do que o que afirmam as pesquisas científicas não custeadas pela indústria alimentícia. Confiam cegamente nas opiniões de celebridades e até em palpites do vizinho da tia do namorado da prima, mas veem com desconfiança a postura de um especialista da área, que passa anos e anos em laboratórios, muitas vezes pouco ventilados e malcheirosos, estudando e pesquisando antes de apresentar conclusões. Afinal, "quem esse cara pensa que é? Em que programa de TV ele já apareceu? Para qual das revistas que eu leio ele escreveu?"

É realmente muito mais cômodo acreditar em meias verdades ou em novidades bombásticas sobre alimentos milagrosos e se agarrar a elas como se fossem a solução para todos os problemas relacionados com a manutenção e/ou restituição da saúde, usando-as como muletas para não mudar muita coisa na alimentação errada.

Há quem tome toda manhã, religiosamente, suco de berinjela com laranja para baixar os níveis de colesterol no sangue, porque alguém disse que "se curou do colesterol" apenas tomando isso, porém, mantendo a mesma alimentação desregrada de sempre. Depois, quando o resultado não é o esperado, a pessoa começa a culpar a má sorte, o cônjuge, ou o fato de ter se esquecido de tomar o tal suco um único dia.

Outros vivem carregando um potinho com pó de casca de maracujá no bolso para colocar na comida onde quer que estejam, porque ouviram que ele diminui a glicemia nos diabéticos. Assim, usam diária e sistematicamente o pó, mas, ocultamente, continuam comendo seus doces. Quando o seu "esforço" não dá certo, porque o pó é ruim à beça e comê-lo todo dia é um tormento, essas pessoas culpam o destino, a Deus ou responsabilizam aquele final de semana na praia em que se esqueceram de levar o danado do pozinho...

Não que tudo que se divulga seja mentira, longe disso! No caso dos exemplos citados, o suco de berinjela com laranja é muito bom, assim como o pó feito da casca do maracujá, mas sozinhos são meros subterfúgios para escaparmos da necessidade de mudar hábitos alimentares e de vida que não queremos nem pensar em mudar.

Muitas vezes tomamos para nossa vida somente o que nos convém e não aquilo de que realmente precisamos. Com as informações que obtemos é a mesma coisa; nem todas são mentirosas ou incompletas, mas temos o mau hábito de isolar certos dados que nos convêm de outros que os completariam, mas pelos quais não desejamos pagar o preço necessário.

Aliás, a verdade é que a maioria das pessoas considera o tema "alimentação" muito banal, pois acredita já saber tudo ou quase tudo sobre ele. A vontade de conhecer mais sobre alimentação e nutrição tornou-se algo obsoleto.

Você também pensa assim? Então, como explicar as estatísticas aqui apresentadas? Por que tanta gente "bem informada" sobre alimentação e nutrição morre por problemas alimentares (ou relacionados com eles)? São escolhas erradas. E as **suas** escolhas é que fazem diferença!

Agora você deve estar torcendo o nariz e se perguntando: "Mas o que todo esse papo de doença, morte, escolha, destino tem que ver com comida de criança?" **Tudo!** Doenças, morte, escolha, tudo se relaciona com comida de criança.

As crianças são muito vulneráveis, sendo o reflexo das escolhas que os adultos fazem por elas. Dessa forma, sobra para eles a difícil tarefa de decidir o que a criança deve comer ou deixar de comer. Como essa tarefa é chata e sempre fica em segundo plano, e como o assunto "alimentação saudável" é sempre tratado com displicência por praticamente todos os adultos, as crianças não têm como se proteger das escolhas erradas de seus cuidadores. Infelizmente, cada vez mais cedo pagam o preço pelos hábitos errados que seus responsáveis lhes permitem aprender.

As doenças crônicas não transmissíveis, como colesterol alto, triglicérides elevados, hipertensão e mesmo a obesidade, as quais predispõem o organismo a outras doenças, como as citadas na tabela da página 23 (as cardiovasculares, o diabetes, o câncer etc.), não surgem de um dia para o outro.

Esse processo ocorre ao longo dos anos, desde cedo e silenciosamente, o que é uma pena, pois, se o desenvolvimento dessas doenças doesse, ninguém esperaria tanto tempo para começar a se cuidar. Um bebê de 10 meses já pode apresentar as células espumosas do depósito de certos tipos de gordura em suas artérias. Isso mesmo, um processo aterosclerótico começando aos 10 meses de idade!

Quando o filho ainda é um bebê, as mães são um pouco mais cuidadosas. Sua comida é separada da oferecida ao restante da família, tem mais legumes, verduras, frutas e menos óleo de cocção. Frituras e sal em excesso são evitados e os horários são mais regulares.

Depois que a criança cresce um pouco, lá pelos 2 anos de idade, cai no padrão alimentar da família... e já sabemos o que acontece.

Além do processo aterosclerótico, é cada vez maior o número de crianças desenvolvendo diabetes tipo 2, doença terrível que antigamente só aparecia em idosos, mas agora acomete também jovens e crianças, em proporções assustadoras, em decorrência da má alimentação.

Problemas como colesterol elevado e alta taxa de triglicérides estão também acontecendo cada vez mais cedo, mesmo em crianças, em virtude, mais uma vez, de alimentação errada.

A obesidade entre crianças triplicou nos últimos trinta anos, assim como todas as suas consequências, e não por culpa da genética. A hereditariedade deve ser considerada e tem seu peso, é claro, mas em mais de 95% dos casos a obesidade e suas implicações se devem a **erros alimentares**. Os tempos mudaram, o ritmo de vida também, assim como os hábitos, a qualidade da água, do ar, dos alimentos e da alimentação. O que valia no tempo de nossos pais ou avós já não vale hoje e vice-versa.

Pense em seus pais. Quando eles começaram a desenvolver doenças crônicas como as citadas? Aos 60, 70 anos de idade, provavelmente. E você, seu marido? Aos 40, 50 anos. E seu filho? Você vai permitir que ele as desenvolva com quantos anos? Aos 20 ou 30?

As estatísticas mostram que essas patologias, antes tidas como doenças da idade madura, estão se manifestando cada vez mais cedo. Algo precisa ser feito, e rápido, para que essa tendência seja interrompida. E você pode afastar seu filho dessas tristes estatísticas sendo um exemplo para ele.

Esse foi um dos motivos pelos quais escrevi este livro: para tentar mostrar-lhe que **sua** escolha pode fazer toda diferença, não só em seu destino, mas principalmente no destino de seu filho.

E se, apesar de todo o meu esforço para convencê-la a mudar seus hábitos alimentares, você quiser manter o velho comportamento, tudo bem! Só recomendo não arriscar a vida e a saúde de seu filho, que merece o melhor. Sendo assim, finja que mudou seus hábitos, coloque alimentos saudáveis no prato, faça de conta que os está comendo e elogie a refeição. Tome cuidado com seus comentários, suas "caras e bocas" em relação aos alimentos. Interprete o papel do bom exemplo. O que você faria para salvar a vida de seu filho? O que está disposta a fazer para evitar que ele adoeça seriamente? Quanto esforço está disposta a fazer, além do que já faz, para que ele tenha uma saúde mais consistente e melhor qualidade de vida?

... E fez-se a luz!

Parte II

Preenchendo o vácuo

Para iniciar o trabalho com o pé direito, a partir de agora procure esquecer tudo que você pensa que sabe sobre alimentação e nutrição.

Somos bombardeados todos os dias com informações sempre muito convincentes, mas nem sempre corretas ou completas sobre assuntos relacionados com alimentos, alimentação e nutrição. Além disso, crescemos ouvindo histórias horripilantes que aconteceram com pessoas que tomaram leite após chupar manga ou comeram banana antes de dormir; ou seja, carregamos uma herança muito peculiar e com frequência não muito confiável de informações, notícias bombásticas, crenças, tabus, superstições e pressuposições envolvendo o assunto "comida". A maioria desses dados é bobagem, pura ficção. Então, como saber o que é verdadeiro e o que não é?

O primeiro passo é definir alguns conceitos, sem os quais será difícil entender as informações apresentadas daqui em diante; por exemplo, o conceito de dieta. Dieta alimentar não é sinônimo de dieta de emagrecimento ou de restrição alimentar.

É muito comum as pessoas associarem a palavra "dieta" a algo ruim, restritivo: "Não, obrigada, não posso, estou fazendo dieta". Não é bem assim. Dieta é qualquer forma sistemática de se alimentar. Há vários tipos de dieta: existe sua dieta alimentar habitual, que é a maneira como você se alimenta usualmente, ou seja, seus hábitos alimentares atuais; existe sua dieta alimentar futura, correspondendo a seus hábitos alimentares ou à maneira como você se alimentará após a leitura deste livro; e, ainda, há as dietas para emagrecer, para engordar, com restrição de gorduras ou de sódio. Enfim, além da habitual, existe uma infinidade de dietas, para as mais diversas finalidades específicas.

Também é preciso diferenciar alimentação de nutrição. Essas palavras não são sinônimas. Alimentação consiste em ingerir alimentos de forma voluntária e consciente. É de cada um de nós a escolha da forma, da quantidade, da qualidade e do modo de preparo dos alimentos que comemos, além da frequência com que os ingerimos e da preferência por determinados tipos de comida. E essa escolha depende de nossos hábitos, de fatores econômicos, culturais, religiosos, ideológicos etc. Ou seja, alimentar-se é comer.

Nutrição, por outro lado, é um processo involuntário e inconsciente que consiste no conjunto de processos fisiológicos ocorridos em nosso corpo, desde a ingestão dos alimentos até a utilização das substâncias, elementos e/ou compostos químicos contidos nesses alimentos, chamados nutrientes, transportados para cada uma das células de nosso corpo.

O estado de saúde de uma pessoa depende da qualidade da nutrição das células constituintes de todos os tecidos do corpo. Uma boa nutrição é indispensável para a formação, a manutenção e o perfeito funcionamento de todas as estruturas do corpo, além de garantir o bom desenvolvimento das atividades metabólicas.

Então, como é impossível para nós, seres humanos normais, atuar nos processos de nutrição, a manutenção ou melhoria do estado de saúde **somente** poderá acontecer se houver uma **alimentação adequada**.

Em outras palavras, uma alimentação adequada, equilibrada e saudável é imprescindível para manter o corpo bem nutrido e funcionando como deve. E, como a alimentação é um ato consciente, **você** poderá equilibrá-la e torná-la saudável. Você tem esse poder!

"Mas, então, como comer de maneira equilibrada?"

É o que veremos a seguir.

Nutrientes

Nutrientes são as substâncias constituintes dos alimentos.

Quando comemos um alimento, ele é digerido pelo sistema digestório, que começa na boca. Decomposto, o alimento resulta nos nutrientes, que são os elementos, substâncias e/ou compostos químicos absorvidos pelo organismo:

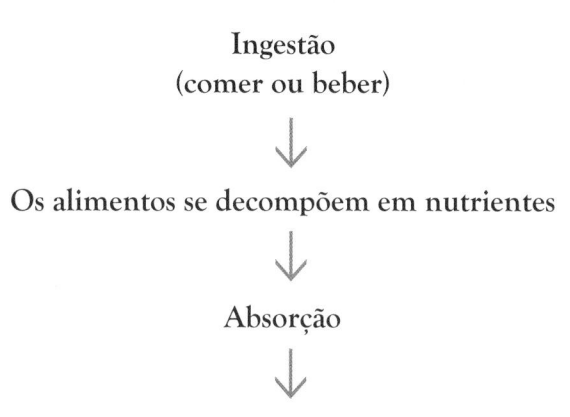

Ingestão
(comer ou beber)

↓

Os alimentos se decompõem em nutrientes

↓

Absorção

↓

Distribuição dos nutrientes às células de
todo o corpo por meio do sangue

A maior parte da absorção dos nutrientes se dá no intestino delgado; eles passam em seguida à corrente sanguínea e vão para todas as células do organismo, sendo por elas utilizados nos processos vitais. Essenciais ao funcionamento do organismo, os nutrientes fornecem a energia ou matéria necessária para a manutenção da vida.

Necessitamos, todos os dias, de mais de quarenta tipos diferentes de nutrientes, na quantidade certa, para o bom funcionamento e desenvolvimento de nosso organismo. Principalmente as crianças, por viverem uma fase de intenso crescimento e desenvolvimento de seu corpo em todos os aspectos, incluindo o intelectual.

Muitos nutrientes podem ser sintetizados, produzidos por nosso corpo; aqueles que não podem são chamados de nutrientes essenciais, e são obtidos por meio dos alimentos que comemos.

Eis a questão: quando esses nutrientes essenciais não são ingeridos na quantidade necessária por determinado tempo, é doença na certa!

Normalmente, os nutrientes são divididos em duas classes: os macronutrientes e os micronutrientes.

Parece complicado, mas não é: os macronutrientes são aqueles de que precisamos diariamente e em grande quantidade. Eles constituem a maior parte de nossa dieta, fornecendo energia, além de outros elementos necessários ao crescimento e desenvolvimento, à manutenção do organismo e à atividade. São eles os carboidratos, as proteínas e as gorduras.

Os micronutrientes são aqueles requeridos em pequena quantidade (miligramas a microgramas), porém extremamente necessários, uma vez que participam de processos fisiológicos complicados como a regulação de todo o funcionamento do corpo. São eles as vitaminas e os sais minerais.

As fibras alimentares, assim como a água, não são consideradas nutrientes propriamente ditos, porém também são fundamentais à regulação do funcionamento do corpo. Falaremos delas mais adiante.

Todos os nutrientes, as fibras e a água são encontrados no que ingerimos. Cada alimento, vegetal ou animal, conta com a predominância de certos nutrientes e pequena quantidade ou ausência de outros. A combinação certa entre esses alimentos possibilita adequada proporção dos nutrientes necessários ao crescimento e ao funcionamento e saúde do organismo humano.

Então, vamos falar um pouco mais de cada um dos nutrientes essenciais.

Ti voglio bene, carboidrato!

Quando estamos repousando, deitados, imóveis, de olhos fechados, nosso organismo necessita de energia para realizar todas as atividades involuntárias que nos mantêm vivos, com o corpo todo funcionando, mesmo sem nos darmos conta disso. Podemos citar como exemplos as batidas do coração, as reações químicas orgânicas e as trocas metabólicas.

Quando fazemos qualquer tipo de movimento involuntário, por menor que seja, a nossa necessidade de energia aumenta. Como seres homeotérmicos, precisamos, para nossa sobrevivência, manter a temperatura do corpo sempre constante, e, para conseguir isso, necessitamos de energia.

Sendo assim, é preciso obter fontes de energia para continuarmos vivos, para mantermos a mesma temperatura corporal e realizarmos as mais diversas atividades físicas, desde as mais simples (piscar os olhos) até as mais complexas (correr cem metros com barreiras em nove segundos e meio).

E de onde obtemos essa preciosa energia? Dos alimentos, é claro!

Ouvimos falar em calorias, alimentos calóricos, contar calorias, coisas que nos preocupam, pois estão relacionadas com aumento de peso e tudo mais. Contudo, as calorias não são tão vilãs como imaginamos, uma vez que elas nos mantêm vivos. Caloria é o nome dado à medida da quantidade de energia que os alimentos nos fornecem.

O problema com as calorias, assim como com qualquer outro componente de uma dieta, é o excesso. Todo excesso é ruim. Guarde essa informação.

Já que precisamos de energia, obtida dos alimentos, quais seriam os nutrientes, presentes nos alimentos, capazes de nos fornecê-la? Vamos falar aqui de três: carboidratos, proteínas e gorduras.

Os carboidratos, também chamados de hidratos de carbono, glucídios ou glicídios, constituem ¾ do mundo biológico e cerca de 80% da absorção calórica da humanidade. Cada grama de carboidrato presente nos alimentos que ingerimos fornece-nos 4 quilocalorias (kcal), ou, para simplificar, 4 calorias (cal), designação usada popularmente.

Todos precisamos desse tipo de nutriente e em maior quantidade que os demais. Algo entre 55% e 60% do valor energético diário de sua dieta alimentar deve ser fornecido pelos carboidratos. Esses valores, assim como os de proteínas e gorduras, de que falaremos adiante, aplicam-se a pessoas saudáveis, que não necessitam de cuidados alimentares específicos.

Na verdade, todos os grupos de alimentos, exceto algumas carnes, óleos, gorduras e sal, têm carboidratos, que diferem em quantidade e tipo. Porém, consideram-se fontes de carboidratos aqueles alimentos cuja quantidade desse nutriente é alta, como no caso dos cereais (arroz, milho, centeio, trigo, aveia) e das farinhas, massas e pães. Também se encontram carboidratos em tubérculos e raízes — como as batatas de todos os tipos, mandioca, cará, inhame — e ainda em todas as preparações que têm, como base, algum desses cereais, tubérculos ou raízes, como polenta, cuscuz, pirão, pamonha, pipoca, mingau, pizza e outras.

Quando dou aulas a crianças e tenho de falar sobre os carboidratos, sempre lhes explico que compõem os alimentos que nos fazem espantar a preguiça e ter ânimo para pular, correr, cantar, brincar etc., atividades comuns e prazerosas para elas. Talvez essa informação a ajude de alguma forma. Lembre-se: massas, arroz, farinhas, batata, mandioca etc. espantam a preguiça e dão a você energia para realizar toda atividade de que gosta.

Você já notou que as pessoas vêm engordando cada vez mais e tendo a saúde afetada pelo excesso de peso? Quem nunca culpou os carboidratos por esse problema? É importante saber que o consumo de carboidratos no Brasil vem diminuindo desde a década de 1970, e mesmo assim as pessoas estão engordando e adoecendo cada vez mais cedo. Muita gente culpa o arroz, o pão e as massas pelos quilos a mais na balança e substitui, inadvertidamente, tais alimentos nas refeições principais por cereais matinais muito açucarados, *waffles*, biscoitos de todos os tipos, lanches, sopas e queijos cremosos, pseudossaladas — aquelas feitas com maionese, batata cozida ou frita, ou ainda as que contêm *bacon*, presunto, ovos etc; tais ingredientes não têm nada que ver com salada de verdade e são muito calóricos. Algumas pessoas trocam as refeições por saladas de fato, porém regadas com molhos à base de maionese, creme de leite ou queijo e acompanhadas de outros alimentos e preparações ricos em açúcar e/ou gorduras. Outras "pulam" refeições pensando estar fazendo um grande negócio, mas acabam, sem querer, escolhendo os alimentos mais calóricos na refeição seguinte (esse processo é explicado pela ciência).

Muitos não vacilam em condenar a macarronada do domingo, mas não veem problema em comer filé de frango empanado no almoço de segunda-feira. Empanados são geralmente fritos e por isso riquíssimos em gordura; gorduras são duas vezes mais calóricas que carboidratos. Alguns não jantam, mas, em vez disso, comem no lugar brioches recheados com geleia, daqueles com cobertura de açúcar, e um copo duplo de suco de laranja. A substituição de uma refeição por lanches nem sempre significa uma menor ingestão calórica, como nesse caso. Alguns substituem a refeição por aquele sorvete delicioso que, sozinho, contém 700kcal, o que significa mais calorias do que nos fornece uma refeição completa. Outros polvilham arroz sobre o feijão, mas se deleitam com um supersanduíche dito natural de abobrinhas e berinjelas fritas, uma fatia de três dedos de espessura de queijo quente frito e *pesto* de manjericão (molho à base de óleo, alho e manjericão) no pão *ciabatta* na hora do lanche. Vale destacar novamente que alguns lanches são muito mais calóricos que refeições completas, mesmo não parecendo. Há, ainda, quem se orgulhe de jamais comer pão, sem recusar no entanto, quadradinhos de massa folhada com passas e bacon! Veja só a discrepância dessas escolhas!

Assim, pense um pouco antes de culpar o pãozinho por seus quilos a mais, pense no que você vem comendo, observe se tem lido corretamente o rótulo dos alimentos e petiscos ao comprá-los. Pense no hábito de "beliscar" o dia todo, bem como naquilo que vem bebendo. O álcool, por exemplo, engorda quase duas vezes mais que o açúcar. Até mesmo sucos naturais podem ser muito calóricos, mesmo sem o acréscimo de açúcar. Relembre o que você sabe sobre as gorduras, pois a gordura de qualquer tipo, como a encontrada em molhos cremosos à base de queijo, creme de leite, maionese, requeijão, em queijos amarelos como a mozarela, o prato, o gouda etc., e ainda nos embutidos, churrascos, frituras em geral, torna qualquer preparação muitíssimo calórica, muito mais que os carboidratos.

Observe também a quantidade consumida. **Todo** alimento, exceto a água, tem calorias, até mesmo aqueles alimentos "zero" que adoramos consumir por não sentirmos culpa. A alface tem calorias. Até o chuchu, que muitos acham ser o quarto estado físico da água, tem calorias.

O grande cuidado a ser tomado com as calorias provenientes dos carboidratos refere-se à quantidade de alimentos com grande presença desses nutrientes consumida regularmente. Todo excesso é ruim e todo equilíbrio é desejável, sem fazer que você pese mais na balança.

A dieta do dr. A, a superdieta do dr. B, a dieta do *personal* X, da Universidade Y, entre tantas outras, crucificam os carboidratos, colocando-os como os vilões responsáveis por todos os seus problemas de saúde. Sem orientação médica ou nutricional, **nunca** acredite nessas dietas!

Toda dieta altamente restritiva deve ser imediatamente desconsiderada se não for prescrita por médico ou nutricionista. Um profissional sério e bem informado não prescreverá uma dieta assim sem que realmente haja necessidade, principalmente se você for saudável e desejar favorecer sua saúde. Carboidratos são imprescindíveis a uma alimentação saudável e equilibrada. Aliás, os carboidratos devem ser a base da alimentação, tanto para adultos como para crianças.

Como dissemos, algo entre 55% e 60% do valor calórico total da alimentação diária deverá provir dos carboidratos. Alterações nessa porcentagem podem ser feitas somente por recomendação médica e/ou do nutricionista, conforme as especificidades individuais; porém, no geral, os números se mantêm.

"Mas quanto dá isso em quantidade de alimentos ricos em carboidratos?"

Isso depende da quantidade de calorias consumidas por dia; tomando como base uma dieta de 2.000kcal, você deverá distribuir 300g de carboidratos em mais ou menos seis porções diárias de alimentos que são fontes desse nutriente.

"Lindo, mas e na prática? Quanto devo comer? Uma porção de alimento ricos em carboidratos equivale a quanto em medidas caseiras?"

Como a lista de alimentos é bem longa, falaremos detalhadamente sobre esse assunto mais adiante (veja o Anexo A), mas já podemos citar os casos mais comuns: uma porção de arroz cozido equivale a 4 colheres de sopa; uma porção de pão francês equivale a uma unidade de 50g; uma porção de bolacha "água e sal" equivale a quatro unidades; uma porção de bolacha recheada corresponde a duas unidades; uma porção de polenta sem molho equivale a duas fatias médias; uma porção de macarrão corresponde a 1 xícara de chá, e assim por diante.

Com base nessa informação, você será capaz de perceber que seis porções diárias de alimentos ricos em carboidratos não são difíceis de consumir. Duas bolachas recheadas, por exemplo, equivalem, em quantidade de carboidratos, a 4 colheres de sopa de arroz, ou a um pãozinho francês inteiro... com miolo e tudo. E quem consegue comer somente duas bolachas recheadas quando bate aquela fome?

É uma questão de escolha poder comer seu pão francês sem culpa no café da manhã, suas 4 colheres de arroz no almoço, 1 fatia de goiabada como sobremesa, deliciar-se com um pedaço de bolo de laranja no lanche da tarde, ingerir mais 4 colheres de sopa de arroz no jantar e ainda comer 2 torradas de pão de forma antes de dormir. Entretanto, terá de esquecer o pão francês fresquinho e o bolo de laranja se você comer quatro dessas bolachas recheadas no café da manhã. Se consumir seis bolachas recheadas por dia, adeus pão francês, goiabada e bolo de laranja.

Agora, se você costuma comer arroz com polenta, arroz com batata, arroz com macarrão, macarrão com batata, ou arroz, macarrão, polenta e batata, todos na mesma refeição, imagine quão calórica ela deve ser caso não controle suas porções, visto que todos esses alimentos são ricos em carboidratos e engordam mesmo. O correto é dividir as porções entre eles, e não somá-los. O problema está nos excessos, como em tudo na vida.

Agora falemos sobre a qualidade dos carboidratos, tão ou mais importante que a quantidade que você consome.

"Qual dessas fontes de carboidratos é melhor e mais saudável? Por quê?"

As integrais. Quanto mais integral o alimento, melhor. A recomendação não se deve ao fato de serem menos calóricos ou mais *light*, como muitos pensam.

Alimentos integrais, na verdade, podem até ser um pouco mais calóricos que os processados. A preferência por eles é justificada pelo fato de que mantêm muitos nutrientes que são perdidos durante o processamento. Vitaminas, minerais, ácidos graxos e fibras, por exemplo, são preservados no arroz e na farinha de trigo integrais, mas o arroz e o pão branco e as massas em geral (qualquer uma que utilize farinha de trigo processada) perdem a maior parte desses nutrientes, o que traz consequências negativas para a saúde.

Quanto a tubérculos e raízes, eles perdem grande parte das fibras e vitaminas do complexo B quando são descascados. Então, para tentar preservar esses nutrientes, você deve cozinhá-los com a casca (com uma ótima higienização prévia, é claro) e só retirá-la antes do consumo.

Ainda com relação à qualidade dos carboidratos, não podemos nos esquecer do açúcar, ou sacarose, como também é conhecido. O açúcar também é um carboidrato, do tipo simples, metabolizado rápida e facilmente pelo organismo humano, devendo ter seu consumo controlado.

Não mais que 10% do consumo calórico total de um dia devem ser procedentes do açúcar simples, para pessoas saudáveis. Por exemplo, para uma dieta de 2.000kcal, 10% correspondem a 200kcal, ou seja, 50g de açúcar, o que equivale a não mais que 2 colheres de sopa ao dia.

Nutricionalmente falando, ninguém tem necessidade alguma de consumir açúcar comum, nem melado, nem açúcar mascavo, nem mel (fica para outra ocasião a discussão sobre os pretensos milagres ligados a esse alimento) ou qualquer outro tipo de açúcar em se tratando de uma dieta equilibrada.

A diferença nutricional entre o açúcar cristal, o refinado ou açúcares processados em geral e o açúcar mascavo, o mel, o melado etc. está no fato de que estes últimos apresentam mais nutrientes, como vitaminas e minerais, perdidos durante o processamento.

Em resumo: necessitamos diariamente de energia para viver, e uma das principais fontes de energia são os alimentos ricos em carboidratos. Imprescindíveis a uma alimentação saudável, devem ser consumidos em quantidade adequada, considerando-se também a qualidade. Prefira sempre alimentos integrais e, se quiser adoçar algo, escolha também as opções integrais, como o açúcar mascavo, o mel ou o melado, mas use-as com parcimônia.

Proteínas

Outro grupo de nutrientes que provê energia é o das proteínas. Cada grama de proteína fornece, assim como os carboidratos, 4kcal (escrever kcal é mais usual, mas nada impede que o símbolo seja lido como "calorias").

Além de fornecer energia, as proteínas têm várias outras funções importantíssimas. Uma delas é a função plástica, pois as proteínas constroem todo o nosso corpo: cabelo, pele, ossos, músculos, unhas, dentes, sangue, enzimas, anticorpos, as células, tudo é feito de proteína.

Em se tratando de crianças, elas não crescem nem se desenvolvem sem proteínas, elementos construtores e reconstrutores do organismo. Mesmo sem perceber, construímos e reconstruímos nosso corpo todos os dias: as células morrem e são repostas, cabelos caem e são repostos (pelo menos para a maioria das pessoas), as feridas na pele cicatrizam graças às proteínas.

A atuação das proteínas merece uma longa abordagem, mas aqui nos basta saber que elas são importantes e devem estar presentes na alimentação todos os dias, na quantidade certa. Aqui também vale o que foi dito anteriormente: **todo excesso é ruim**. As proteínas podem passar de mocinhas a vilãs rapidamente.

Um argumento para que seu filho perceba a importância dos alimentos proteicos é que eles o ajudam a crescer e a ficar forte, o que toda criança almeja. Para que a proteína seja de boa qualidade, deve conter, no caso das crianças, dez aminoácidos tidos como essenciais — assim considerados porque nosso corpo não os produz e deve obtê-los pela alimentação, e também porque são indispensáveis para o crescimento normal e a manutenção dos tecidos — e nove aminoácidos essenciais para os adultos (aminoácidos são os elementos constituintes das proteínas).

A proteína de boa qualidade, considerada completa ou equilibrada, está presente principalmente nos alimentos de origem animal, como carnes, peixes, ovos, leite e derivados, contendo um perfil adequado de aminoácidos tanto em relação à quantidade quanto à qualidade.

As proteínas de origem vegetal são consideradas, em sua maioria, incompletas, pois apresentam deficiência de um ou mais aminoácidos essenciais. Mesmo a proteína do feijão pertence a essa categoria, e também tem um perfil de aminoácidos incompleto. E a batata peca pela baixa concentração dos aminoácidos.

A mistura arroz com feijão, nossa velha conhecida, é excelente, porque resulta numa proteína de boa qualidade: a proteína do arroz completa a do feijão e vice-versa.

A soja se aproxima do feijão por ser uma leguminosa, mas diferentemente dele é composta por proteína de alto valor biológico, ou seja, uma proteína completa que se assemelha às de origem animal. Além da proteína, a soja reúne outras substâncias que a tornam especial (falaremos mais disso em outra ocasião). Pena que o brasileiro ainda não desenvolveu o gosto por ela e o hábito de consumi-la constantemente.

Como fontes de proteína vegetal temos também a quinoa ou quinua, o amaranto e as sementes, como as de girassol, gergelim, abóbora, dentre outras. Temos ainda as castanhas e nozes; enfim, há muita proteína vegetal de boa qualidade disponível. Vale a pena adotá-la e até usá-la em substituição à proteína animal em algumas refeições. Isso pode até representar uma boa economia para o bolso, algo sempre bem-vindo, além de diminuir o consumo de gorduras saturadas, o que também não é nada mau.

Mas, em se tratando de alimentação equilibrada, os alimentos de origem animal são imprescindíveis: além de proteína de boa qualidade, contêm outros nutrientes — como a vitamina B-12 e o ferro-heme — nos quais os vegetais são pobres. Caso prefira uma alimentação estritamente vegetariana, procure um nutricionista que a ajude a fazer as melhores escolhas. Neste livro vamos nos concentrar na alimentação onívora, ou seja, a que envolve alimentos de origem animal e vegetal.

Gorduras

As gorduras, juntamente com os carboidratos e as proteínas, constituem os principais componentes estruturais de todas as células vivas.

A gordura consumida é queimada, liberando energia para a realização de todas as atividades.

Cada grama de gordura ingerida fornece 9kcal de energia. Lembre-se de que cada grama de carboidrato ou proteína fornece só 4kcal. Agora você já sabe por que as gorduras podem engordar. O corpo humano transforma em gordura a energia dos alimentos consumidos em excesso, e a reserva nos tecidos.

Além da propriedade, agora óbvia, de fornecer energia, as gorduras, lípides, óleos ou lipídios dos alimentos fornecem ao nosso organismo os ácidos graxos essenciais, que nosso corpo não é capaz de produzir. As gorduras proporcionam a absorção das vitaminas A, D, E e K, ajudam a formar membranas e organelas celulares, cumprem importante papel na função reprodutora, auxiliam na formação do tecido cerebral, aumentam a palatabilidade dos alimentos e — surpresa! — atuam no controle do excesso de colesterol no sangue. É isso mesmo, gordura controlando gordura.

Você se lembra da história do vilão e do mocinho? Quando ouvimos falar em gorduras na dieta, sentimos arrepios. Quando falamos em **colesterol**, é como se estivéssemos citando o demônio. Mas aqui também é válida a afirmação: **o maior problema é o excesso**, que é sempre ruim. Ele é o vilão dessa história. Precisamos das gorduras, não podemos viver sem elas.

O colesterol, que na verdade nem é uma gordura em si, é vital ao organismo humano. Constituinte essencial de muitas células, inclusive as nervosas, o colesterol é também precursor de todos os hormônios esteroides, além de ajudar a produzir vitamina D. O problema é seu consumo em excesso: nesse caso, ele pode entupir as artérias e causar doenças.

Em uma alimentação equilibrada, de 20% a 35% do valor energético total deve vir das gorduras. Mas o brasileiro, em geral, consome gorduras em excesso, em média 20% a mais do que o recomendado por dia, isso sem computar as gorduras que consome fora de casa, difíceis de precisar estatisticamente. Quando menciono gorduras, refiro-me às de todos os tipos, as consideradas boas e as más, pois em quantidade maior que a recomendada ambas tornam-se perigosas à saúde.

Supondo que você e sua família também estejam incluídas nessa média nacional, você precisará diminuir a quantidade de gorduras que utiliza nas refeições cotidianas. É preciso reduzir no mínimo 20% da gordura usada na alimentação diária, o que corresponde a aproximadamente 2 colheres de sopa cheias de óleo ou gordura para cada membro da família por dia.

Você pode começar pela diminuição do óleo de cocção, aquele utilizado para preparar os alimentos. Uma boa dica é utilizar uma colher de sopa para acrescentar o óleo à panela em vez de despejá-lo diretamente da embalagem, pois esse hábito facilita os excessos. Os alimentos não precisam de grande quantidade de óleo para ser preparados — isso é um mito, é um costume. Na verdade, a maioria dos alimentos pode ser preparada sem nenhuma gota de óleo, mas isso é assunto para outro livro.

Calcule, ao preparar a comida, no máximo 2 colheres de sopa de óleo vegetal para cada membro da família por dia. É pouco mesmo, mas suficiente. Calcule também 2 colheres de sopa de azeite extravirgem para temperar a salada ou para usar em outros alimentos. São igualmente consumidas as gorduras intrínsecas aos alimentos, que fazem parte de sua composição natural, pois quase todo alimento, inclusive as frutas, verduras e legumes, tem gorduras.

Além de diminuir o óleo de cocção, prefira sempre preparações assadas, cozidas, refogadas ou grelhadas. Evite alimentos naturalmente gordurosos, como as carnes gordas (opte pelas carnes magras, como alcatra, patinho, maminha, fraldinha, coxão mole, *baby-beef* e vitela); evite, também, os molhos e sorvetes cremosos, cremes em geral, embutidos, queijos duros e amarelos, ou qualquer tipo de queijo integral em grande quantidade. Retire a pele do frango, a gordura visível das carnes e o couro dos peixes antes de prepará-los.

Fuja da *fast-food*, dos salgadinhos de pacote, das pipocas de micro-ondas, do pão de queijo das padarias, das tortas com massa podre, das massas folhadas, das bolachas recheadas, dos chocolates, pois tudo isso tem muita gordura — e do tipo desnecessário.

Evite as frituras. Nunca se esqueça: **não existe fritura sequinha!**

Os alimentos **sempre** incorporam a gordura adicionada para sua fritura. Qualquer alimento frito, mesmo bem crocante, firme e sem parecer encharcado, com toda certeza já incorporou boa parte da gordura utilizada para seu preparo. **Todas as frituras são muito gordurosas.**

Quanto à qualidade, existem gorduras saudáveis para o organismo humano — na quantidade certa, obviamente — e outras relacionadas com o desenvolvimento de doenças crônicas não transmissíveis, como aterosclerose, hipertensão arterial, doenças coronárias, obesidade, câncer de cólon, mama e próstata, entre outras tantas.

Então, que gorduras escolher na hora das compras? Prefira os óleos vegetais, como o de girassol, soja, milho, canola etc., e o azeite de oliva extravirgem.

Alguns alimentos têm gorduras bastante benéficas ao organismo humano, como os ácidos graxos ômega-3, os quais estão relacionados com a prevenção e o controle de doenças cardiovasculares, além de ter muitas outras funções. Esse tipo de gordura é naturalmente encontrado em peixes, principalmente os de águas frias e/ou profundas — como salmão, truta, cavalinha, arenque, atum, carpa, esturjão, bacalhau —, mas também está presente nas sardinhas e na semente de linhaça.

O azeite de oliva também está relacionado com o controle de doenças cardiovasculares, uma vez que ajuda a reduzir os níveis de colesterol sanguíneo total e diminui o "mau colesterol", aquele que gruda nas paredes dos vasos sanguíneos, sem reduzir o "bom colesterol", aquele que as limpa. Mas nem todo azeite tem essa propriedade, somente o extravirgem. Além disso, o azeite não pode ser aquecido, ou seja, nada de utilizá-lo para preparar os alimentos. Ele deve ser colocado sobre o alimento já pronto, senão pode deixar de ser uma boa gordura.

Também em relação às boas gorduras vale repetir: **todo exagero é ruim**. Boas gorduras em excesso associam-se, mesmo que indiretamente, com o desenvolvimento das doenças crônicas não transmissíveis.

É importante ressaltar que não adianta somente acrescentar boas gorduras à dieta. É preciso substituir as más gorduras pelas boas.

Quando falo em gorduras más, refiro-me àquelas cujo consumo deve ser rigorosamente controlado, por estarem diretamente relacionadas com o desenvolvimento de doenças crônicas não transmissíveis. Essas gorduras são as saturadas, o colesterol e as gorduras trans.

Gorduras saturadas

As gorduras saturadas são encontradas nas carnes e em seus derivados, no leite e em laticínios integrais, na manteiga, na banha e no toucinho, no óleo de coco e no óleo de palma, em muitos produtos industrializados etc.

Por, em excesso, serem muito prejudiciais à saúde, é recomendável que o consumo de gorduras saturadas equivalha a, no máximo, 7% a 10% do total diário de energia fornecido pela alimentação.

"Você não disse que prefere ter na alimentação uma fonte de proteína de origem animal porque é de melhor qualidade? Então, como agora você diz que é preciso ter cuidado com esses mesmos alimentos, porque são cheios de gordura do tipo ruim, prejudicial à saúde?"

Os alimentos de origem animal são excelentes fontes de proteína de boa qualidade e devem fazer parte da nossa alimentação. Mas, como **nenhum** alimento é totalmente perfeito, seja ele de origem animal ou vegetal, os alimentos de origem animal têm esse defeito de também serem ricos em gordura saturada, o que pode ser péssimo para a saúde se consumidos além da conta.

Por esse motivo, eu sempre digo: **o problema é a quantidade**. O **excesso** de consumo desses alimentos que contêm gordura do tipo saturado é que faz mal à saúde, entope artérias e tudo mais.

Lembra-se de quando lhe disse que o ideal é preferir as carnes magras, sem gordura aparente, tirar a pele do frango e o couro do peixe, preferir as versões desnatadas do leite e derivados? (Na verdade, falo do leite pela primeira vez agora...) Além disso, recomendei que se evitem os molhos cremosos, queijos amarelos, embutidos, sorvetes, frituras, lanches, *fast-food* etc. Essas ações têm o objetivo de reduzir as gorduras saturadas e as gorduras trans, de que falaremos daqui a pouco, e tornar os alimentos de origem animal um pouco mais saudáveis.

Colesterol

Muito embora seja associado às gorduras, o colesterol, na verdade, não é uma gordura em si, sendo que muitas pessoas o confundem com a gordura saturada. Já vimos que ele é importante para nossa saúde e que o que pode classificá-lo como uma má gordura é seu consumo excessivo, como no caso das gorduras saturadas.

O colesterol, em sua maior parte, é produzido por nosso organismo, independente de sua ingestão na alimentação.

Ele não consegue viajar sozinho pelo sangue, sendo transportado pela circulação sanguínea para todos os tecidos do corpo por uma lipoproteína chamada LDL, mais conhecida pelos leigos como "mau colesterol". Depois de o colesterol ser utilizado em nosso benefício, suas sobras são recolhidas por outra lipoproteína, denominada HDL (ou "bom colesterol"), e levadas para o fígado. Se o consumo de colesterol na alimentação for alto, ou, principalmente, se o consumo de gordura saturada, que também eleva os níveis de colesterol no sangue, for grande, haverá, obviamente, um aumento dessas LDLs, que transportam o colesterol pelo sangue. A alta concentração de LDL contribui para a formação de placas de ateroma nos vasos sanguíneos, podendo obstruí-los e causar infartos, derrames cerebrais, aumento da pressão arterial, problemas cardíacos etc.

Assim, também é importante elevar a quantidade de HDL no sangue, para que ela ajude a limpar a corrente sanguínea, eliminando o colesterol excedente — daí sua fama de bom colesterol.

Com esses dados, você já é capaz de entender a necessidade de tentar aumentar os níveis de HDL no sangue e de diminuir os de LDL. Mas como conseguir isso? Como estamos nos referindo aqui a indivíduos saudáveis do ponto de vista médico, para evitar o aumento das taxas sanguíneas de colesterol, uma alimentação correta e atividade física regular bastam.

Entre os alimentos ricos em colesterol, citamos: camarão, fígado de qualquer animal, gema do ovo, manteiga de leite, creme de leite, queijos, lagosta, siri e ovas de peixe.

Faz-se necessário lembrar que, para controlar os malefícios que as gorduras podem trazer ao organismo deve-se ter cuidado com os excessos no que diz respeito a qualquer tipo de gordura, boa ou ruim, principalmente com os excessos ligados a gorduras saturadas, colesterol alimentar e, principalmente, gorduras trans, as piores.

Gorduras trans

O processo de hidrogenação dos óleos vegetais modifica a estrutura deles para endurecê-los, formando uma gordura parcialmente hidrogenada conhecida como gordura trans. Essa gordura é muito utilizada na indústria alimentícia por ser de baixo custo, por dar cremosidade, "crocância" e, principalmente, por aumentar o prazo de validade dos produtos.

As gorduras trans provocam mais efeitos prejudiciais ao organismo que as gorduras saturadas e o próprio excesso de colesterol alimentar, e estão relacionadas com o desenvolvimento de aterosclerose e doenças associadas, aumentando a quantidade do que se conhece como "mau colesterol" no sangue e diminuindo o "bom colesterol".

Grande parte dos alimentos industrializados e de panificação contém muita gordura, principalmente a do tipo hidrogenado. Biscoitos recheados ou não, bolos, pães e outros tipos de massas industrializadas, margarinas, pães de queijo, sorvetes, chocolates, misturas para bolo, pipocas para micro-ondas, confeitos, glacês de bolos, cremes, alguns salgadinhos de pacote são apenas alguns itens da lista de produtos que contêm grande quantidade dessa gordura.

Como saber se um produto tem ou não gordura trans?

Desde julho de 2006, a Agência Nacional de Vigilância Sanitária (Anvisa) tornou obrigatória a exibição do teor de gordura trans no rótulo dos alimentos industrializados caso a quantidade dessa gordura ultrapasse 0,2g para cada porção do produto. Então, para saber se determinado alimento contém ou não gordura trans, você deve ler seu rótulo – o que, embora pareça fácil, não é tão simples assim.

Segundo as recomendações médicas, o consumo seguro de gordura trans equivale a zero. Porém, isso é quase impossível, visto que toda gordura vegetal hidrogenada é trans, mas nem toda gordura trans é gordura vegetal hidrogenada. Além dos produtos industrializados, de panificação e confeitaria, outros alimentos, como a carne vermelha e o leite integral, também têm esse tipo de gordura naturalmente em sua composição. Então, o importante é não consumir mais que 2g dessa gordura por dia no caso de uma dieta de 2.000kcal. No Brasil, o consumo médio de gordura trans chega a 6,6g por dia, o que equivale a uma porção grande de batata frita de *fast-food* ou quatro bolachas recheadas de algumas marcas.

Assim, recomenda-se comer carnes magras, tomar leite com menor teor de gordura, deixar as guloseimas de fora e analisar bem os rótulos antes de comprar alimentos industrializados, preferindo sempre as versões sem gordura trans.

A boa notícia é que várias indústrias estão substituindo a hidrogenação por um processo que não "cria" gordura trans, ou estão trocando os óleos antes utilizados por óleos vegetais que não necessitam ser hidrogenados, como o de palma. Já se encontram vários produtos, de diversas marcas, sem gordura trans. É preciso, portanto, procurar bem e ler os rótulos.

Tome cuidado também com produtos artesanais de padarias e supermercados que não apresentem informações nutricionais, os quais geralmente são confeccionados com gordura vegetal hidrogenada ou margarinas que ainda contêm gordura hidrogenada na sua formulação, por serem as mais baratas. Além disso, alimentar-se em algumas redes de *fast-food* é algo que merece cuidado redobrado: as batatinhas e aqueles pequenos pedaços de frango empanados que as crianças adoram ainda são fritos em gordura hidrogenada e nadam em gordura trans. Salgadinhos crocantes e pastéis de bares, cafés e feiras livres também merecem nossa desconfiança.

Falar sobre as gorduras com crianças é um pouco complicado, portanto quando me dirijo aos pequenos costumo tachar a todas de vilãs. É muito confuso para eles separar as gorduras boas das más; então, já que vão ingerir gorduras de qualquer jeito, mesmo sem perceber — pois elas fazem parte dos alimentos e preparações, o que garante que as crianças não fiquem carentes desse nutriente —, é preferível que considerem todas as gorduras malvadas. Depois, à medida que forem crescendo e entendendo melhor esses assuntos, poderemos explicá-los a elas com mais precisão.

O mundo maravilhoso das cores

Você já ouviu falar em fome oculta? Esse é o nome que se dá a algo que atualmente tem ocorrido com muitos de nós. É um dos problemas nutricionais mais presentes no mundo todo e, apesar de não contar com sintomas perceptíveis (é chamada de oculta porque ninguém a sente, não causa aquela dorzinha, aquela sensação de buraco no estômago), ela compromete várias etapas do processo metabólico, como as defesas antioxidantes, o sistema imune e o desenvolvimento físico e mental. Essa fome oculta nada mais é do que a carência de um ou mais micronutrientes.

Relembrando o que se disse aqui sobre os micronutrientes, eles são representados pelas vitaminas e pelos sais minerais.

Há pouco mais de vinte anos, grande parte da população brasileira, em particular a população infantil, sofria a dor da fome e das doenças decorrentes de carências alimentares quantitativas. Faltava-lhe comida.

Segundo estudos recentes, essa situação, felizmente, vem se modificando, e o Brasil tem demonstrado um declínio no que se refere às estatísticas de fome e desnutrição proteico-calórica. Porém, contrapondo-se a esse quadro, o país vem sofrendo com outro tipo de má nutrição, cujas manifestações não são facilmente perceptíveis ou detectáveis por exames clínicos de rotina. É uma carência silenciosa que afeta igualmente todas as regiões do Brasil, assim como todas as camadas sociais e econômicas, e já se revelou um problema de saúde pública por suas consequências devastadoras sobre a saúde da população, elevando, e muito, os riscos de morbimortalidade (doenças e morte).

Trata-se da fome oculta, ou seja, a carência de micronutrientes, de vitaminas e de minerais decorrente da alimentação pouco diversificada.

Ainda que a fome oculta possa se dar pela deficiência alimentar referente a um único micronutriente, como no caso da hipovitaminose A (carência de vitamina A), o que geralmente ocorre é uma carência múltipla, ou seja, de vários micronutrientes, ocultada por uma carência predominante.

Mais de 250 milhões de crianças no mundo carecem de vitamina A. No Brasil, de 30% a 50% das crianças menores de 5 anos sofrem de algum grau de deficiência de vitamina A.

Dois bilhões de seres humanos sofrem de anemia por deficiência de ferro. No Brasil, a ocorrência dessa anemia, só em crianças, gira em torno de 30% a 60%.

A ocorrência de defeitos no tubo neural (que faz que crianças nasçam sem o cérebro e/ou com espinha bífida), consequência mais marcante da carência de ácido fólico em humanos, no Brasil é uma das mais altas do mundo. Além disso, a carência dessa vitamina também pode levar à anemia megaloblástica, que, depois da anemia ferropriva (causada por deficiência de ferro), é a mais comum no nosso país.

Essas estatísticas não variam quando comparamos as diferentes regiões do país ou as diferentes classes sociais e econômicas. Todos estamos expostos e vulneráveis à fome oculta.

Alguns grupos são ainda mais vulneráveis a essas deficiências, como as gestantes, as mães que amamentam, as crianças que ainda são amamentadas e aquelas na fase pré-escolar.

Geralmente, as crianças com menos de 6 anos de idade são ainda mais vulneráveis a essas deficiências porque nessa fase elas têm necessidades nutricionais proporcionalmente maiores que as de qualquer outro grupo etário. Trata-se do grupo de maior risco no que diz respeito ao desenvolvimento de carências de micronutrientes.

Vamos, então, falar um pouco sobre esses pequenos nutrientes de grande importância para a nossa saúde.

Vitaminas

Designadas por letras, letras e números ou nomes complicados, as vitaminas são várias. Cada uma delas tem funções próprias no organismo humano, interagindo entre si e com outros nutrientes.

As vitaminas A, D, E e K são solúveis em gordura e armazenadas por certo tempo nos tecidos gordurosos do corpo e no sangue. As demais vitaminas são solúveis em água e precisam ser reabastecidas com regularidade para que se obtenha e mantenha a saturação dos tecidos, pois sua capacidade de estocagem é mínima.

Muito se tem a dizer sobre as vitaminas. No Anexo F, você encontrará um quadro com as mais conhecidas, suas principais fontes alimentares, além de funções, sintomas de deficiências e toxicidade. Sim, vitaminas podem ser tóxicas — a ideia dos excessos prejudiciais também vale para elas.

Quanto aos minerais, eles também são muito importantes. À semelhança das vitaminas, são necessários para o bom funcionamento de todo o nosso corpo. Quando faltam, o corpo demonstra a carência das mais diversas formas e com as mais diversas intensidades, mas, invariavelmente, doenças a acompanham, em curto, médio ou longo prazo (veja mais detalhes no Anexo F). Os minerais também podem ser tóxicos quando em excesso. (Novamente: **todo excesso é ruim!**)

As vitaminas e os sais minerais são representados por dois grupos alimentares: as frutas e as hortaliças, alimentos reguladores. Participam ativamente da regulação de todas as funções do organismo, das reações químicas, do transporte de outros nutrientes para dentro e para fora das células; enfim, tudo funciona bem quando a quantidade desses nutrientes está de acordo com os valores ideais.

O Brasil é rico em alimentos com os mais variados tipos de vitaminas e minerais. Muitos países não têm o mesmo privilégio, não podendo contar com tantas frutas e hortaliças. Então, devemos aproveitá-lo.

Mas sejamos honestas: infelizmente, as hortaliças correspondem ao grupo com os alimentos menos gostosos e são bem chatas de preparar; por isso, representam grande parcela do desafio de levar uma dieta saudável à nossa mesa.

As frutas são um pouco mais apreciadas, porém são mais caras, perecíveis e, em alguns casos, chatas de preparar também (é preciso lavá-las, desinfetá-las, descascá-las, picá-las, tirar as sementes). Talvez sejam essas as causas de seu consumo ainda pequeno no Brasil (metade do que se consome na Europa ou nos Estados Unidos), apesar da grande variedade e fartura de frutas que temos aqui.

Infelizmente, frutas e hortaliças são os alimentos menos apreciados, sobretudo por crianças e adolescentes, embora sejam extremamente importantes para a manutenção perfeita do corpo deles — e de seu corpo também. Frutas e hortaliças ajudam, e muito, a prevenir doenças e a prolongar a vida.

Um ponto a favor das frutas e hortaliças é que são os alimentos mais bonitos e coloridos. Então, devemos aproveitar também essa característica.

Quando falo sobre as hortaliças e frutas aos pequenos, costumo associá-las a um tesouro responsável pela beleza, inteligência e vida longa. Dou muita ênfase a esses alimentos, sempre desafio as crianças a experimentá-los várias vezes, para que não desistam após a primeira tentativa. Não é fácil, mas funciona. Ensinarei algumas técnicas mais adiante.

Uma curiosidade: o título deste capítulo faz alusão às cores presentes em frutas e hortaliças. Essas cores não são meros atrativos para pássaros e outros bichos; cada uma delas representa um grupo de substâncias benéficas ao organismo humano e ainda pigmenta o alimento. Vegetais com a cor vermelha, por exemplo, têm licopeno, substância associada à prevenção de câncer de mama, próstata e estômago (tomate, melancia, goiaba, etc.); a cor roxa (da berinjela, da uva, do suco de uva, do vinho etc.) caracteriza alimentos que evitam a formação de coágulos sanguíneos nas coronárias, retardam o envelhecimento, neutralizam substâncias cancerígenas e assim por diante. Quanto mais colorida e variada for sua alimentação, mais nutrientes e substâncias benéficas você consumirá.

Vegetais de cor amarela ou alaranjada (mamão, cenoura, manga, laranja, abóbora, pêssego, damasco etc.) são ricos em vitamina B3 e ácido clorogênico, substâncias que mantêm o sistema nervoso saudável e ajudam a prevenir o câncer de mama. Além disso, têm betacaroteno, antioxidante que auxilia na proteção do coração e retarda o envelhecimento. A vitamina B3 também ajuda a controlar a ansiedade dos adultos.

Alimentos brancos (leite, queijo, couve-flor, batata, arroz, cogumelo, banana etc.) são as melhores fontes de cálcio e potássio. Ajudam na formação e manutenção de ossos e dentes, contribuem para o funcionamento normal do sistema nervoso e muscular e também auxiliam na regulação dos batimentos cardíacos.

Vegetais verdes (folhosos, pimentão, salsão, ervas, quiuí, pepino, vagem, limão, chuchu, abacate, brócolis etc.) contêm clorofila, vitamina A e ferro (só que do tipo que não é muito absorvido pelo organismo humano), os quais ajudam a prevenir o aparecimento do câncer, auxiliam na defesa do organismo, protegem o cabelo, a pele, o coração e os olhos, desintoxicam as células, inibem os radicais livres e são importantes para os ossos e para a contração muscular.

Vegetais marrons (nozes, aveia, castanhas, cereais integrais etc.) têm fibras e vitaminas do complexo B e E, melhoram o funcionamento intestinal, controlam a ansiedade e a depressão, previnem o câncer e doenças cardiovasculares e podem até prevenir a acne, no caso do centeio.

Esse é apenas um pequeno resumo da importância desses alimentos, com suas lindas cores que contribuem para um corpo saudável.

Importante: algumas preparações ou alimentos tidos por muitos como saladas ou legumes e verduras **não** estão associados a esse grupo de nutrientes que acabamos de abordar (vitaminas e minerais); portanto, **não** devem ser considerados como tais. Por exemplo:

- salada de batata (batata é fonte de carboidratos e se enquadra, portanto, no grupo desses nutrientes);
- algumas preparações à base de maionese, como as saladas de maionese com ovos picados e batatas cozidas (maionese é óleo e ovo: gordura e proteína; batata: carboidrato);
- salpicão de frango (macarrão, maionese, batata palha e frango: carboidrato, gordura, fritura e proteína);
- salada de milho, de grão-de-bico, de lentilha, de soja, de ervilha seca (milho: carboidrato; ervilha seca, grão-de-bico, lentilha e soja são leguminosas como o feijão e se enquadram no grupo das proteínas vegetais);
- todas as preparações à base de maionese, creme de leite, margarina, manteiga, o alho e óleo, o *pesto* e as frituras em geral devem ser enquadrados no grupo das gorduras; todas as receitas à base de batata, mandioca, mandioquinha, milho, farinha, macarrão são fontes de carboi-

dratos e substituem o arroz, o pão etc. Todos os pratos com soja, feijão, ervilha seca, grão-de-bico, lentilha são do grupo das proteínas vegetais. Todas as preparações à base de carnes de qualquer espécie animal fazem parte do grupo das proteínas, mesmo que tenham alguns poucos legumes, frutas ou hortaliças.

- sopa de legumes só com macarrão, mandioquinha e batata (todos são carboidratos);

- carne com batata (batata é legume, mas também uma das principais fontes de carboidrato, como dito antes, então deve ser considerada como tal, e pode substituir o arroz, o macarrão, a mandioca...);

- preparações que contêm alguns legumes cortados em pedaços bem miudinhos e salpicadas, só para dar um colorido ao prato, como algumas tortas, farofas e cuscuz de legumes — não cometa o erro de enquadrar esses alimentos e preparações no grupo dos legumes e verduras, pois não o são;

- qualquer tipo de legume ou verdura, quando frito, deve ser considerado representante do grupo das gorduras;

Caso desconfie que a quantidade de vitaminas e minerais utilizada por você nas refeições não seja suficiente, acrescente alguns legumes, verduras e frutas às preparações e à alimentação — assim não haverá erro.

Água

Imagine um alimento fundamental para sua vida, a ponto de, sem ele, você não conseguir viver mais que uns poucos dias. Sim, existe um alimento assim e não é o chocolate. Ele faz parte de sua alimentação desde que você era um bebezinho. Eu me refiro à água.

"Mas água não é alimento!"

É claro que é! É um alimento líquido e um dos mais relevantes para sua sobrevivência, logo, essencial para sua saúde.

A água é um elemento-chave para a saúde e o bem-estar. Depois do oxigênio, é o item mais importante para a manutenção da vida. Nenhum outro elemento tem tantas funções no organismo humano como a água. Seu coração, por exemplo: os líquidos nele presentes são fundamentais para mantê-lo funcionando bem, pois ajudam a regular a pressão do sangue bombeado por ele. Se houver pouca água para o desempenho dessa função, certamente a pressão ficará comprometida e seu coração terá de trabalhar mais, o que o fará se cansar mais rápido e mais cedo do que deveria — e isso, como você já deve imaginar, não é nada bom.

A água presente nos rins, por sua vez, auxilia na remoção do que não é aproveitado pelo organismo: os resíduos, as toxinas e o excesso de nutrientes; sem água suficiente, os rins não conseguem trabalhar direito, exige-se muito deles, ocorre uma sobrecarga de toxinas e outros elementos que deveriam ser excretados e o corpo sofre.

 No cérebro, a falta de água pode diminuir sua capacidade de concentração, afetar seu raciocínio e reduzir sua memória em curto prazo. Seus músculos, articulações e ossos, que a auxiliam nas tarefas diárias, que a ajudam a se sentar, deitar, levantar, a caminhar, correr etc., precisam da água para funcionar adequadamente. Para você ter uma ideia, 70% dos músculos são constituídos por água. Na verdade, o corpo humano é 70% água.

A água participa também da digestão, absorção e do transporte de nutrientes, possibilita inúmeros processos químicos, ajuda no processo de excreção dos metabólitos, atuando como solvente e diminuindo sua toxicidade, auxilia na manutenção da temperatura do corpo, na proteção das células, dos tecidos, e forma o sangue, saliva, suco gástrico, lágrima etc.

A falta de hidratação pode ocasionar, dentre outros efeitos, desvitalização dos cabelos, descamação do couro cabeludo, insônia, perda da elasticidade e luminosidade da pele e do brilho dos olhos, perda da disposição, envelhecimento precoce, conjuntivite, sinusite, bronquite, pneumonia, cefaleia, lesões na pele, cravos e espinhas, queda e enfraquecimento dos pelos e cabelos, baixa produção de saliva, cáries dentais, distúrbios relacionados com a absorção de nutrientes, câimbras, dormência, perda da força muscular, dificuldades respiratórias, constipação, impotência e disfunções eréteis, sangramentos vaginais e assim por diante.

Embora você beba água todos os dias, lembre-se de que perde parte dela por meio de suor, urina, fezes e respiração, e de que, obviamente, precisa repô-la todos os dias em quantidade adequada.

A quantidade adequada de água a ser ingerida varia com a temperatura ambiente (no calor, a necessidade do líquido aumenta) e com o uso de certos medicamentos, pois alguns deles exigem que se tome uma quantidade maior de água, como os diuréticos, os anticoncepcionais e os medicamentos ligados à reposição hormonal. Aqueles que ingerem bebidas alcoólicas regularmente devem tomar mais água. Atividade física também implica maior necessidade de água; estado de saúde, peso, idade, enfim, muitas coisas interferem na quantidade de água que um indivíduo tem de tomar, mas em média o adulto deve ingerir por volta de 2,5 litros de água por dia, mais ou menos 1 copo de 200ml a cada hora em que estiver acordado. Deve ser considerada, também, a água que provém dos alimentos, que a têm em sua composição, em maior ou menor grau.

No caso das crianças, a necessidade diária fica entre 50ml e 60ml de água por quilo a partir dos 2 anos de idade. É só fazer as contas. Por exemplo, uma criança de 3 anos que pese 16kg e pratique atividade física leve deverá consumir 50 x 16 = 800ml de água por dia ou 4 xícaras (chá) cheias de água, distribuídas durante todo o dia.

Não é nada bom tentar suprir a necessidade de água tomando grande quantidade de uma só vez. Seu corpo não para de trabalhar nem um minuto sequer, e ele precisa de água constantemente para funcionar direitinho. Se você o sobrecarregar com 1 litro de água de uma só vez, ele só vai utilizar a parte necessária para as funções daquele momento e o restante irá embora — principalmente se você, literalmente, tomar 1 litro de água de uma só vez, porque assim acabará vomitando e, no restante do tempo, faltará água para as demais funções. Desta forma, o correto é tomar um pouco de água diversas vezes ao dia para manter-se sempre hidratada. Você pode se hidratar consumindo, além da água pura, sucos, leite etc., mas procure valorizar a primeira. Nada como água fresca e de boa qualidade, pois, ao contrário do que muitos pensam, não contém calorias, ou seja, não engorda e só faz bem.

Uma dica prática para você se manter sempre hidratada é carregar consigo uma garrafinha de 500ml com água e tomar goles a todo momento, mesmo sem sede. Na realidade, a sede é um pedido de socorro urgente de seu corpo para combater a desidratação, e não há por que chegar a esse ponto. Outra dica é espalhar essas garrafinhas com água por diversos locais: em cima de sua mesa de trabalho, no carro, no criado-mudo, dentro da bolsa etc.

Ofereça água a seu filho também, várias vezes ao dia, alguns goles por vez, e, caso o deixe com outra pessoa, peça a ela que faça o mesmo. Compre para ele copos bacanas com ou sem tampa, canudinhos coloridos, cantis e *squeezes* que possam ser carregados para todo lado, para que a água esteja sempre à mão.

De vez em quando, com seu filho por perto, explique a outra pessoa, qualquer uma, a importância de tomar bastante água e deixe que ele a escute. Ele vai perceber o cuidado e a atenção dedicados a ele, e, sempre que você lhe oferecer água, vai se lembrando disso. Outras vezes, explique-lhe diretamente a importância da água. Depois diga que o ama. Ele vai entender a mensagem e passará a valorizar ainda mais a água.

Uma das coisas ruins relacionadas com tomar muita água é a vontade de fazer xixi quase constante. É normal, mas seu filho vai reclamar por ter de parar uma brincadeira para ir ao banheiro, ou então vai segurar a vontade o máximo que conseguir, o que não é nada bom. Então, valorize o xixi. Dependendo da idade de seu filho, vá com ele algumas vezes ao banheiro e demosntre alegria pelo fato de ele estar fazendo xixi. Faça-o dar tchau a todas as sujeirinhas que estavam dentro do corpo dele, sendo eliminadas pelo xixi, o que o fará ter mais saúde. Explique-lhe que o correto é que o xixi seja amarelo bem clarinho e transparente e que, quando não estiver assim, é porque ele está precisando tomar mais água. Peça que a avise se isso acontecer. Nos dias frios, ofereça-lhe mais sopas, caldos, chás, mas continue oferecendo-lhe água também.

Se você não é muito fã de água, existem algumas dicas que podem ajudá-la, como colocar em um copo de vidro bonito uma porção de água bem fria ou gelada, que pode ser aromatizada com folhas de hortelã ou alecrim, ou colorida com algumas gotas de xarope de groselha; também é possível comprar águas com sabor. Outra opção são as águas funcionais, com ou sem sabor, que são acrescidas de fibras ou enriquecidas com vitaminas e minerais, e servem para hidratar e diminuir a fome.

O importante é se hidratar. Porém, o excesso no consumo de água também é prejudicial à saúde, uma vez que impede a absorção de alguns nutrientes importantes, como vitaminas e minerais.

Fibras

Nutricionalmente falando, as fibras não são consideradas nutrientes propriamente ditos, pois, apesar de corresponderem a carboidratos ou derivados de carboidratos, não produzem energia significativa nem contêm substâncias nutritivas relevantes. Elas contêm somente... fibra.

No entanto, apresentam diferentes propriedades físicas, químicas e biológicas e, como os outros nutrientes, são imprescindíveis para uma boa saúde.

Existem vários tipos de fibra. Em geral, elas são classificadas de acordo com suas propriedades físicas e seu efeito fisiológico, elementos associados a sua solubilidade em água. Dessa forma, podem-se dividi-las em solúveis e insolúveis, mas neste livro vamos considerá-las de forma genérica.

"Mas se as fibras não são nutrientes como os outros, então o que faz que elas sejam fundamentais à saúde?"

De modo geral, as fibras, ao reduzirem o tempo que o alimento leva para transitar pelo intestino até ser eliminado por meio das fezes, são importantes para a manutenção do funcionamento normal do intestino. Também ajudam a evitar vários tipos de doença, até mesmo o câncer de cólon e o excesso de gordura no sangue. São benéficas para quem tem diabetes e auxiliam no controle do peso corporal, pois aumentam o poder de saciedade das refeições.

As fibras também estão relacionadas com o nosso humor. Você se lembra da expressão "Fulano está enfezado hoje"? A prisão de ventre, ou constipação intestinal, atrapalha a síntese da serotonina, o neurotransmissor que ajuda a controlar a ansiedade, a depressão e tudo mais. É no intestino que 90% da serotonina é produzida, não no cérebro, como pensa a maioria. Quem não consome fibras fica sujeito à prisão de ventre e pode ficar literalmente enfezado, irritado, de mau humor, ansioso ou depressivo. As fibras podem nos trazer alegria e paz.

Além disso, o intestino preso permite maior absorção de toxinas, xenobióticos e alérgenos alimentares, podendo ocasionar um processo inflamatório e maior acúmulo de gordura visceral, relacionado com a síndrome metabólica. Essa síndrome é caracterizada pela associação de fatores de risco ligados a doenças cardiovasculares, vasculares periféricas e diabetes, em consequência da alimentação inadequada e do sedentarismo.

Dentre os fatores de risco ligados a essas doenças estão intolerância à glicose, pressão alta, níveis altos de colesterol ruim (LDL) e baixos de colesterol bom (HDL), aumento dos níveis de triglicérides e obesidade, especialmente a chamada obesidade central, que deixa o corpo com formato de maçã e está associada à presença de gordura visceral (em volta dos órgãos internos). A obesidade, além dos vários problemas que acarreta, está relacionada com processos inflamatórios, como a inflamação da camada interna dos vasos sanguíneos, que favorece a instalação de doenças cardiovasculares.

Basta apresentar três desses fatores de risco para que o indivíduo seja considerado portador da síndrome metabólica, que é grave e está causando muitas mortes. O brasileiro, em geral, consome pouca fibra, muito menos do que o recomendado. Estudos atuais demonstram que crianças de diversas populações e idades não ingerem a quantidade de fibras considerada desejável para a manutenção da saúde.

"Mas em que alimentos posso encontrar essas fibras?"

Em qualquer alimento de origem vegetal. Grãos, tubérculos, raízes, leguminosas, frutas, legumes e verduras, todos contêm fibras, em maior ou menor quantidade, ao passo que nenhum alimento de origem animal tem fibras.

Quanto mais alimentos *in natura* e/ou integrais você consumir, maior será a quantidade de fibras ingeridas, e isso é muito bom. Alimentos refinados, processados, beneficiados (cujo nome deveria ser "desnutridos"), ou seja, industrializados em geral, perdem, e muito, seu conteúdo natural de fibras, além de outros nutrientes importantes.

Os adultos devem consumir, por dia, 25g de fibra alimentar; no caso das crianças, para determinar a quantidade necessária de fibras, deve-se somar de 5g a 10g à idade, a partir dos 2 anos. Assim, se seu filho tiver 5 anos, deverá consumir de 10g a 15g de fibras por dia; se tiver 10 anos, 15g a 20g e assim por diante, até o máximo de 25g a 30g. Como tudo na vida, cuidado com os excessos.

O excesso de fibra pode causar problemas na absorção de nutrientes importantes, por exemplo o ferro, além de outras situações como: diarreia, prisão de ventre e outras complicações intestinais. Uma alimentação variada e balanceada normalmente já fornece uma quantidade de fibras suficiente, sem exageros.

Se você não tem o hábito de ingerir uma boa quantidade de alimentos ricos em fibras e agora deseja mudar isso, vá com calma. O acréscimo no consumo deve ser gradual, pouco a pouco, e regado com muita água. O efeito benéfico das fibras só se dá na presença de água. Sem ela, o intestino não funcionará direito e poderá ficar preso. Quanto mais fibras houver na alimentação, maior ingestão de água será necessária.

Adoro brócolis!

Vamos falar um pouco sobre a mastigação.

Para uma boa nutrição é fundamental uma mastigação benfeita. O ato de mastigar os alimentos serve para fragmentá-los, amassá-los, misturá-los, preparando-os para serem engolidos e dando, assim, continuidade ao processo de digestão. Você já deve ter ouvido que a digestão começa na boca, o que é verdade. A mastigação benfeita induz a produção de saliva, que, além de umedecer e lubrificar a massa alimentar, facilitando a deglutição, tem enzimas auxiliares da digestão.

Além de dar início adequado ao processo de digestão dos alimentos, a boa mastigação também faz que o alimento fique mais tempo em contato com as papilas gustativas da língua, permitindo-lhe sentir melhor o sabor dos alimentos. É muito comum que as pessoas, ao passarem a mastigar melhor os alimentos, comecem a gostar de alguns que antes imaginavam detestar. Da mesma forma, podem também deixar de achar tão saboroso algum alimento que antes pensavam adorar.

Sempre amei pudim de leite condensado, nunca parava no primeiro pedaço. Quando passei a mastigar melhor os alimentos, julguei o pudim doce demais para meu paladar. Experimentei versões do doce feitas por diferentes mãos para verificar se continuava com a mesma opinião e concluí que o pudim não era mais a oitava maravilha do mundo como eu pensava. Não que eu não o coma — como e ainda aprecio, mas não como antes. Hoje me contento com um pedaço pequeno.

Em compensação, sempre detestei brócolis, não suportava nem o cheiro, mas me forçava a comer um ou dois raminhos. Afinal, os nutricionistas precisam demonstrar gosto por tudo que é verde. Um dia preparei brócolis no vapor (para meus filhos, que os adoram), deixei-os bem tenros e verdinhos, temperei-os com azeite, sal e alho, e coloquei uma porção no meu prato, como sempre. Então, mastiguei-os como deveria e, para minha grande surpresa, senti um enorme prazer, comi-os com gosto e os achei muito saborosos. Hoje, adoro brócolis, mesmo sem tempero, de qualquer espécie e em todo tipo de preparação. E isso ocorreu também com couve-flor, couve, berinjela, pepino, chuchu, abobrinha, vagem, rúcula e até jiló. Confesso que detestava tudo isso, mas agora gosto muito de todos esses alimentos; como-os com prazer e sem esforço, graças à mastigação.

Outro benefício da boa mastigação é que ela torna a digestão dos alimentos mais fácil, diminuindo boa parte dos problemas relacionados, como azia, refluxo e indisposições gástricas em geral. Lembre-se de que o estômago não tem dentes. Ele não mastigará aquele pedaço grande de comida que você engoliu. Aquele pedaço será atacado pelos ácidos, que não darão conta do recado; assim, ele ficará no estômago por mais tempo do que deveria. O estômago produzirá mais ácido para tentar digerir tal pedaço, e o esvaziamento gástrico ficará mais difícil. Exigirá muito do estômago, depois do intestino e também das glândulas que participam da digestão. Todos esses órgãos precisarão trabalhar em dobro para fazer o que têm de fazer, a fim de que o alimento seja processado adequadamente e tenha seus nutrientes absorvidos, antes de ser eliminado. Imagine essa aventura acontecendo a cada refeição, todos os dias, por vários anos. Um dia, o corpo vai sentir as consequências.

Alimento mal mastigado acaba sendo mal absorvido, o que resulta em perda de nutrientes. E vale ressaltar que a mastigação benfeita permite que o cérebro receba um estímulo eficaz e envie sua mensagem de saciedade, evitando exageros alimentares. É isso mesmo: mastigar bem emagrece e/ou evita que se engorde.

Existem ainda muitos outros ótimos motivos para você caprichar na mastigação dos alimentos, mas eles não dizem respeito diretamente à nutrição e sim à fonoaudiologia e à odontologia. Assim, a importância da mastigação vai além de tudo que você leu até aqui neste livro.

Enfim, o que é uma mastigação benfeita? É aquela que você faz, primeiramente, com a boca fechada. Você deve mastigar cada porção de alimento por pelo menos 18 vezes, devagar, sem pressa, de forma bilateral (mastigar com os dois lados da boca igualmente); além de dedicar pelo menos 20 minutos para cada refeição. Evite conversar, ler ou ver TV nesses 20 minutos, ou ainda olhar constantemente para o relógio, como algumas crianças costumam fazer.

Existem algumas técnicas que você pode empregar para se obrigar a mastigar mais e melhor. Mantenha a boca o mais distante possível do prato; há quem se debruce sobre ele e quase encoste o rosto na comida para que possa levar o alimento à boca o mais rápido possível. Costume horrível de ver e que obriga a pessoa a comer rápido demais e em grande quantidade, além de prejudicar a postura, que se torna deselegante ao extremo.

Outra técnica consiste em descansar os talheres no prato durante a mastigação, e só tomar líquidos após ter terminado de engolir o que se estava mastigando; há pessoas que usam o líquido para ajudar a empurrar o alimento goela abaixo.

Ver TV, ler ou conversar muito durante a alimentação são hábitos que levam a um consumo exagerado e muito mais rápido que o ideal. Procure sempre alimentar-se em local apropriado, de preferência à mesa. Vale também tentar adivinhar os diversos condimentos e sabores de cada alimento, pois esse exercício faz que se preste mais atenção na comida e ajuda a passar o tempo durante a mastigação. Com crianças, funciona o jogo de quem mastiga o maior número de vezes cada porção de alimento.

Ao perceber o valor da mastigação, você também deve ter percebido a importância dos dentes para que esse processo aconteça de forma eficaz. Assim, que tal uma visitinha ao dentista?

Barriga para dentro, peito para fora

Ombros caídos, costas curvadas, queixo quase encostando no peito. A má postura é realmente algo feio, não há dúvida, mas além desse fato e de fazer um mal danado para a saúde do corpo, também interfere na digestão.

A má postura comprime o tubo digestivo, fazendo-o desviar-se de sua rota normal, além de comprimir também o estômago e outros órgãos internos relacionados com a digestão, dificultando-a. E uma digestão prejudicada compromete, é claro, a nutrição de nosso corpo.

Então, nada mais apropriado do que incluir esse item aqui, pois de que adianta saber se alimentar direitinho se não houver um aproveitamento máximo daquilo que se comeu por causa da má digestão?

Alguns exercícios físicos fortalecem a musculatura das costas e ajudam a manter a postura ereta. Há também certas atividades que primam pela boa postura corporal, como o balé e outros tipos de dança, a equitação etc. Assim, aposte nessas opções para melhorar a postura.

Além de auxiliar a digestão, uma boa postura também ajuda a disfarçar a barriga, evita dores de cabeça, melhora problemas circulatórios, dá mais flexibilidade ao corpo, diminui o nervosismo, evita dores nas costas e, dentre outras coisas, ainda nos torna mais elegantes.

Deve-se tomar muito cuidado com a postura das crianças, principalmente as que estão na idade escolar, pois, nessa fase, elas tendem a aprender a se sentar com desleixo nas carteiras das escolas, acostumando-se a curvar a cabeça até o peito para desenhar, escrever ou comer. Desse modo, podem se habituar a uma postura completamente errada — que, se não for corrigida a tempo, poderá causar sérios problemas à saúde, além de comprometer a nutrição.

Mais uma tarefa para a mamãe: ficar de olho na postura de seu filho e corrigi-la, se necessário. Mas não só as crianças apresentam problemas posturais: os adultos também precisam tomar cuidado.

Eu me remexo muito, eu me remexo muito, eu me remexo...

Você deve estar se perguntando o que se remexer muito tem que ver com alimentação e nutrição. Respondo: tudo. Remexer-se é um tipo de atividade física, e o aumento da atividade física diária é uma forma de potencializar os resultados esperados após a adoção de práticas alimentares adequadas.

Indivíduo ativo é indivíduo saudável. Criança ativa é criança saudável!

Atividade física não é a mesma coisa que exercício físico, pois este é uma categoria de atividade física que abrange um conjunto de movimentos repetitivos, planejados e estruturados para melhorar o desempenho físico.

A atividade física compreende qualquer movimento voluntário realizado com gasto de energia, e adotá-la implica incluir na rotina diária movimentos espontâneos como dançar, correr, andar, subir, descer, rolar, nadar, pedalar, patinar, andar de *skate*, pular, brincar, ir a pé à escola etc. — ou seja, atividade física é movimentar-se, remexer-se por pelo menos 30 minutos diariamente.

Nos dias de hoje, as crianças já não brincam na rua como há algum tempo, ficando a maior parte do dia em ambientes fechados e restritos; muitas vezes nem aprendem a brincar como deveriam. Isso tem um nome: curto calor de ludicidade, e geralmente ocorre nos centros urbanos, em consequência do medo, da violência etc. Assim, mais uma vez, cabe a **você** ajudar seu filho a descobrir como brincar movimentando o corpo para exercitá-lo.

Crie oportunidades para que seu filho se exercite, seja em algum clube, em escolinha de esportes, ou mesmo em casa. Incentive-o a correr, pular, participar de brincadeiras que movimentem o corpo e o façam suar e se divertir. O prazer na atividade física é fundamental.

A atividade física regular traz inúmeros benefícios para a saúde, em qualquer idade. Faz bem para a coordenação motora e para o desenvolvimento intelectual, aumenta a autoestima e o poder de realização, ajuda a gastar a energia acumulada, tonifica os músculos, melhora o sono, diminui o estresse, desenvolve a criatividade, evita o sedentarismo e todos os males que dele advêm, ajuda a prevenir a obesidade, aumenta o bem-estar físico e mental etc.

A lista de benefícios da prática de atividade física regular é bem grande e tem tudo que ver com saúde.

Solzinho bom!

Você pode achar estranho, mas o sol também influi na nutrição. Lembra-se dos banhos de sol de seu filho quando ele era bebê? Se não proporcionou a ele tais momentos, certamente contrariou as recomendações do pediatra. Assim, o banho de sol vale para qualquer idade, não apenas para bebês e idosos. Estes até podem precisar de um pouco mais de sol do que em outras fases da vida, mas em qualquer idade necessitamos nos expor a ele, diariamente.

A exposição ao sol, preferencialmente até as 10h ou após as 16h, permite que um precursor de colesterol se converta em vitamina D. Essa vitamina é considerada um nutriente essencial e pode até ser obtida por meio da alimentação, mas bem poucas fontes alimentares naturais estão disponíveis.

No Brasil, algumas indústrias alimentícias adicionam vitamina D a alimentos como, iogurtes e cremes vegetais. Porém, a principal forma de obtenção da vitamina D para os seres humanos é a reação que em nós ocorre graças aos raios solares. Por volta de 90% das necessidades dessa vitamina podem ser supridas dessa forma.

E por que a vitamina D é essencial? Ela ajuda na absorção de minerais importantes para a formação óssea, como o cálcio e o fósforo. Sua carência relaciona-se, principalmente, com o desenvolvimento de doenças ósseas como osteoporose, osteomalacia, osteopenia e raquitismo em crianças. Em idosos, pode levar também a alterações musculares e aumento de quedas e fraturas. A falta dessa vitamina também está relacionada com maior risco de esclerose múltipla, câncer, doenças cardiovasculares e imunológicas.

Cerca de um bilhão de pessoas em todo o mundo apresentam deficiência ou insuficiência de vitamina D, apesar de aqui no Brasil essa ocorrência ser considerada pequena. País tropical, muito sol.

Alguns fatores podem interferir na produção de vitamina D por meio dos raios solares: a idade (pessoas idosas produzem menos vitamina D), o uso de filtro solar (que diminui em quase 99% a produção dessa vitamina), a cor da pele (pessoas com pele mais escura, ou seja, com mais melanina, podem ter produção de vitamina D reduzida em até 99%).

Nossas atividades, assim como as de nossos filhos, ocorrem cada vez mais em ambientes fechados, o que deve aumentar a preocupação com a necessidade de vitamina D. Procure expor-se, e a seu filho, ao sol por 20 minutos todos os dias, de preferência com pouca roupa e sem filtro solar — até as 10h ou após as 16h, para evitar os efeitos nocivos dos raios solares. Não vale tomar sol através da vidraça da janela.

" Há mais coisas entre o céu e a terra..."

A forma de preparar os alimentos pode afetar a quantidade de nutrientes neles presentes. O ato de cozinhar certos alimentos em calor úmido, ou seja, em água, pode levá-los a perder parcial ou totalmente suas vitaminas, principalmente a vitamina C, o ácido fólico, as vitaminas B1, B2 e a niacina. Por isso, cozinhe as hortaliças no vapor ou em uma quantidade mínima de água; na verdade o ideal seria que esses alimentos fossem consumidos crus, embora comer hortaliças cruas nos leve a um problema que você precisa conhecer.

Alguns alimentos devem ser submetidos ao calor por possuírem naturalmente em sua composição substâncias antinutricionais, chamadas assim por interferirem na biodisponibilidade de nutrientes e/ou por serem potencialmente tóxicas ao organismo humano. (Biodisponibilidade é a capacidade do nutriente de estar disponível ou de ser bem absorvido pelo organismo humano. Quanto maior for a biodisponibilidade do nutriente, maior será sua absorção pelo organismo.)

Como exemplos de alimentos que devem ser submetidos ao calor, citamos: feijão, soja, amendoim, trigo, centeio, cevada, batata-inglesa, espinafre, couve, repolho, couve-flor, couve-de-bruxelas, mostarda, rabanete, nabo, brócolis, clara de ovo, semente de linhaça etc. Ao submeter esses alimentos ao calor, você inibe a maioria das substâncias antinutricionais.

Algumas combinações de alimentos devem ser evitadas, pois a presença de certos nutrientes pode atrapalhar a absorção de outros. Por exemplo:

- Bebidas como café e chá-preto interferem na absorção do ferro que provém dos vegetais. Então, aquele velho hábito de beber um cafezinho logo após as refeições pode ser prejudicial.
- Misturar alimentos ricos em cálcio (leite, queijo) com café não é uma boa prática, pois o café interfere na absorção do cálcio.
- Misturar alimentos ricos em cálcio com carnes de qualquer espécie animal interfere na absorção do ferro presente na carne; então, evite misturar carne com queijo nos sanduíches, polvilhar com queijo ralado a carne moída do macarrão à bolonhesa, misturar carnes com molho branco, creme de leite etc. Queijo *petit-suisse* ou iogurtes não devem ser oferecidos para as crianças depois das refeições, como sobremesa, senão o ferro da comida pode ir embora.
- Misturar carne e ovo também não é uma boa ideia, pois a gema pode diminuir a absorção do ferro; então, nada de bife a cavalo.

┣ Misturar espinafre e leite (molho branco) é algo que prejudica a absorção do cálcio.

Além disso, existem alimentos que mesmo sozinhos podem interferir na absorção de vitaminas e minerais, como café, chá-mate, chá-preto, refrigerantes, chocolate, espinafre, cacau, beterraba crua, alimentos ricos em gorduras saturadas, açúcar refinado, álcool, farelos e grãos de cereais integrais em excesso etc.

Assim, nem tudo são flores, mas não se assuste com essas informações. Com uma alimentação variada e equilibrada, você não terá problemas como os aqui descritos e poderá comer de tudo. Mas, claro, evite os excessos.

Porções

Você já está craque em alimentação e nutrição, mas e agora? É preciso colocar em prática o que aprendeu. Como?

Primeiro, vamo-nos concentrar em quanto se deve comer de cada um dos nutrientes antes descritos.

Obviamente, deve haver um equilíbrio entre os grupos de nutrientes, mas resta a dúvida: em que proporção? Devemos distribuir igualmente a quantidade de nutrientes em cada refeição? Quanto de cada alimento devemos colocar no prato em cada refeição? Que utensílios utilizar para medir cada porção? Na hora do lanche, como quantificar os nutrientes?

O assunto é um pouco tedioso e, para ilustrá-lo, serão apresentadas algumas fotos no Anexo B.

Os carboidratos deverão ser a base de sua alimentação, bem como da de seu filho.

Já se falou sobre como os carboidratos são imprescindíveis. Relembrando, você e sua família são consideradas aqui pessoas saudáveis do ponto de vista médico; então, se algum de vocês apresentar uma doença que mereça cuidados especiais em relação à dieta alimentar, a situação será outra. As regras mudam para quem precisa de dieta diferenciada; portanto, procure ajuda profissional específica.

Os carboidratos estão presentes em alimentos como pães, biscoitos, bolachas, arroz, macarrão, tortas salgadas, massas em geral, tubérculos, raízes, trigo, aveia, centeio, milho, farinhas de cereais etc.

Na tabela a seguir, você encontrará uma orientação quanto ao número de porções de carboidratos que seu filho deverá consumir por dia. Essa tabela baseia-se em guias alimentares e em minha experiência clínica:

Primeiro grupo: carboidratos

	2 a 3 anos	4 a 6 anos	7 a 10 anos	11 a 14 anos
Quilocalorias totais por dia*	1.300	1.800	2.000	2.200
Cereais, tubérculos, pães, raízes, farinhas...	5 porções	5 porções	6 porções	7 porções

* Esse dado depende do peso, altura, atividade física, estado fisiológico e de saúde; o ideal seria confirmá-lo com o pediatra de seu filho ou com o nutricionista que o assiste.

Fontes: Departamento de Nutrologia da Sociedade Brasileira de Pediatria; Brasil, 2006; Philippi et al., 2003.

"Muito interessante, mas uma porção, na prática, corresponde a quanto em medidas caseiras, como colher, copo, prato, essas coisas?"

Será fácil descobrir a resposta se você observar os quadros sobre medidas caseiras nos anexos A e B. Eles lhe mostrarão a correspondência entre cada porção de alimento e as medidas caseiras. Para os alimentos ou preparações que não estiverem lá descritos, use de bom-senso. Seria impossível listar todas as possibilidades, mesmo porque cada pessoa tem suas próprias receitas, mas tentei reunir um material abrangente contando com fotos de utensílios e porções.

Além de carboidratos, a alimentação deverá trazer vitaminas e sais minerais, representados, como vimos anteriormente, pelas frutas e hortaliças.

Encher o prato de uma criança com macarrão é muito fácil, mas preenchê-lo com uma porção de macarrão e um punhado de legumes e verduras é uma história completamente diferente.

Você precisará ter muita atenção, jogo de cintura e também relembrar o que leu sobre o grupo de alimentos constituído pelas frutas e hortaliças. É um grande desafio para qualquer mãe fazer o filho comer todos os dias aquelas coisinhas verdes e de gosto esquisito presentes na salada. Elas fazem parte do grupo de alimentos os quais seu filho deverá comer em maior quantidade depois dos ricos em carboidratos. Difícil? Pode ser; então, toda informação que você puder obter sobre esses alimentos será de muita ajuda. Mais adiante você encontrará alguns segredos que também a ajudarão a desempenhar essa tarefa.

Observe, na tabela a seguir, a quantidade de porções de frutas e hortaliças que seu filho deverá comer todos os dias:

Segundo grupo: frutas e hortaliças

Tipo de alimento	2 a 3 anos	4 a 6 anos	7 a 10 nos	11 a 14 anos
Hortaliças (verduras, legumes)	3 porções	3 porções	4 porções	5 porções
Frutas	3 porções	3 porções	4 porções	5 porções

Fontes: Departamento de Nutrologia da Sociedade Brasileira de Pediatria; Brasil, 2006; Philippi *et al.*, 2003.

No grupo das proteínas, incluem-se as carnes de quaisquer animais, vísceras, frutos do mar, ovos, leite e derivados, leguminosas. Os alimentos desse grupo também devem ser consumidos todos os dias.

Terceiro grupo: proteínas

Tipo de alimento	2 a 3 anos	4 a 6 anos	7 a 10 anos	11 a 14 anos
Leite e derivados	3 porções	3 porções	3 porções	3 porções
Carnes e ovos	2 porções	2 porções	1 a 2 porções	1 a 2 porções
Leguminosas (feijão, soja, lentilha, ervilha seca)	1 porção	1 porção	1 porção	1 porção

Fontes: Departamento de Nutrologia da Sociedade Brasileira de Pediatria; Brasil, 2006; Philippi, *et al.*, 2003.

Quarto grupo: gorduras e doces

Tipo de alimento	2 a 3 anos	4 a 6 anos	7 a 10 anos	11 a 14 anos
Óleos, gorduras, nozes, castanhas e sementes oleaginosas	1 porção	1 porção	1 porção	1 porção
Açúcar e doces em geral	1 porção	1 porção	1 porção	1 porção

Fontes: Departamento de Nutrologia da Sociedade Brasileira de Pediatria; Brasil, 2006; Philippi *et al.*, 2003.

Prepare-se para as reclamações. O grupo das gorduras inclui: batatas fritas e outras frituras, empanados, pizzas com muito queijo, maionese, queijos amarelos, hambúrgueres etc. O grande problema ao tentarmos determinar a porção permitida de cada um desses alimentos é que é preciso levar em consideração a quantidade das outras gorduras que já são consumidas cotidianamente, como o óleo para o preparo das refeições, a margarina do pão do café da manhã e o azeite da salada. Assim, a cota que sobra para as frituras em geral, os molhos cremosos, os queijos gordos derretendo equivale a praticamente nada!

Da mesma forma, se você considerar o açúcar que coloca no leite de seu filho pela manhã, uma vez que criança saudável não precisa e não deve usar adoçante artificial, ou o açúcar usado no suco da hora do lanche, já terá preenchido a cota diária de açúcar e doces de seu filho, sem lugar para balas, chicletes etc.

Se considerar chocolates e bolachas recheadas, a história se complicará mais ainda, pois são cheios de açúcar e de gordura; assim, não deveriam ser consumidos nem em pensamento.

Mas, como ninguém é de ferro, recomendo um consumo ocasional e esporádico de alimentos gordurosos e de açúcar e doces. **Esporádico**. Lembre-se disso.

Uma observação: as castanhas e nozes, como a castanha-do-pará ou brasileira, castanha de caju, amêndoas, noz-pecã, dentre outras, e as sementes oleaginosas, como as de gergelim, abóbora, girassol etc., não são apenas boas fontes de proteína como também excelentes fontes de gorduras boas. Portanto, costumo enquadrá-las no grupo das gorduras na hora do porcionamento.

Essas nozes e castanhas são boas opções para complementar pratos ou para a hora do lanche, sendo preferíveis a qualquer outro tipo de gordura extra que você possa escolher, por estarem associadas à redução do risco de doenças cardíacas, diabetes e algumas formas de câncer. Mas para isso devem ser consumidas *in natura* ou assadas, nunca fritas ou salgadas. Recomendo incluí-las na alimentação diária em vez de manter um consumo esporádico, como no caso dos outros alimentos do grupo.

Sugiro o consumo de uma pequena porção de castanhas ou nozes todos os dias, ou pelo menos quatro vezes por semana. Para crianças, divida a porção pela metade (veja as porções no Anexo A).

Montando um cardápio

Pegue uma folha de papel e um lápis. Agora, divida-a em seis partes mais ou menos iguais, usando o lápis. Pode ser na vertical ou na horizontal.

Escreva na primeira parte: café da manhã; na segunda parte: lanche da manhã; na terceira: almoço; na quarta: lanche da tarde; na quinta: jantar; na sexta: ceia.

Agora vamos aplicar o que vimos até aqui.

Consulte as tabelas de porcionamento anteriores e veja quantas porções de cada grupo de alimentos seu filho deverá consumir por dia, lembrando-se de verificar a faixa etária correta. Então, distribua as porções pelas seis refeições ao longo do dia. Por exemplo: seu filho tem 3 anos; você precisa distribuir em seis refeições as 5 porções de carboidratos, 3 porções de frutas, 3 de verduras e legumes, 3 de leite ou derivados, 2 de carnes, 1 de leguminosas, 1 de açúcares e doces e 1 de gorduras. (Importante: nas refeições principais — café da manhã, almoço e jantar — sempre inclua, pelo menos, um alimento rico em carboidratos, um em proteínas e um em vitaminas e sais minerais na mesma refeição.)

Comece pelo café da manhã: 1 porção de carboidratos, ½ de óleo e gorduras, 1 de leite ou derivados, ½ de açúcares e doces e ½ de fruta.

Lanche da manhã: 1 porção de fruta.

Almoço: 1 porção de carboidratos, 1 de leguminosas, 1 de carne, 1 e ½ de verduras e legumes e ½ porção de frutas como sobremesa.

Lanche da tarde: 1 porção de carboidratos, 1 de leite ou derivados e 1 porção de frutas.

Jantar: 1 porção de carboidratos, 1 de carnes, 1 e ½ de legumes e verduras e ½ porção de gorduras.

Ceia: 1 porção de carboidratos, 1 de leite, ½ porção de açúcar e... boa-noite, durma bem!

Agora, é só escolher os alimentos da preferência do seu filho para determinar o seu cardápio do dia. Por exemplo:

- Café da manhã: ½ pão francês com margarina (¼ de colher de sopa de margarina *light*), 1 xícara de chá de leite com achocolatado (1 colher de chá de achocolatado em pó), ½ fatia de mamão formosa picadinho.
- Lanche da manhã: 1 copo de suco de melancia natural (equivalente a 2 fatias da fruta).

- Almoço: 2 colheres de sopa de arroz integral, 2 colheres de sopa de feijão cozido (metade grãos, metade caldo), 2 colheres de carne moída refogada, 2 colheres de sopa de cenoura e vagem cozidas no vapor e 2 rodelas de tomate. Sobremesa: 1 laranja pequena ou ½ média.
- Lanche da tarde: 4 biscoitos de maisena, 1 fatia de queijo minas fresco e 1 maçã pequena
- Jantar: 3 e ½ colheres de sopa de risoto de frango, 2 colheres de sopa de abóbora cozida e ervilhas frescas e salada de alface com beterraba cozida (2 fatias) temperada com ½ colher de chá de azeite de oliva extravirgem, sal e vinagre, ½ castanha-do-pará moída.
- Ceia: 1 xícara de chá de leite morno com canela e açúcar (1 colher de chá) e 2 bisnaguinhas.

Fácil, fácil. Principalmente quando você tiver prática, porque nem vai precisar pensar muito para montar os cardápios, uma vez que essa tarefa torna-se automática, parte da sua rotina.

A maioria das tabelas que usamos como referência para porcionamento e medidas caseiras se refere a porções para indivíduos adultos. Como você deve ter percebido — caso tenha olhado com atenção a tabela com medidas caseiras no Anexo A —, costumo reduzir pela metade algumas porções quando se trata de crianças de até 4 anos. Para crianças de idade superior, uso o porcionamento de adulto mesmo, mas isso depende do apetite de cada criança, de sua estatura, tipo físico, sexo, das atividades físicas praticadas. Seria interessante você observar as peculiaridades de seu filho, pois não tenciono que ela sinta fome ou emagreça com a reeducação alimentar, nem quero que ela engorde sem necessidade. Portanto, use o bom-senso.

Organize-se

Você acaba de concluir um minicurso sobre alimentação saudável. Na teoria, pelo menos — a parte teórica é muito importante, mas sem a prática de nada adianta.

Daqui para a frente, você precisará exatamente de tudo que aprendeu até agora. Leia as páginas anteriores de novo se estiver insegura e arregace as mangas.

Primeira tarefa: organize-se. A organização deve começar pelos horários. Estipule horários fixos para todas as refeições e lanches da casa (deverão ser seis refeições no mínimo, incluindo os lanches), com o cuidado de estabelecer intervalos de no mínimo duas e no máximo três horas entre cada uma das refeições.

Agora, o mais importante: todos na casa deverão obedecer a esses horários — crianças e adultos, inclusive empregados.

A pesada jornada de trabalho pode parecer, num primeiro momento, incompatível com essa nova rotina alimentar, mas não se estresse. A ansiedade pode estragar todo o seu trabalho e faz muito mal. Respire fundo e vamos por partes.

Havia um menino muito preocupado com um trabalho escolar que deveria entregar naquele mesmo dia para a professora. Ele tinha se empenhado na tarefa a manhã toda sem sucesso; já estava à beira das lágrimas quando sua mãe chegou para o almoço e o viu desesperado por não ter conseguido realizar o trabalho. Ela se propôs a ajudá-lo e o menino explicou-lhe que a tarefa consistia em colocar várias bolas de tamanhos diferentes dentro de um jarro, sem que sobrasse nenhuma. Ele tentara de várias maneiras e não havia conseguido, sempre sobravam bolas fora do jarro. A mãe o consolou e pediu que ele tentasse mais uma vez, sendo que ela o observaria e tentaria ajudá-lo no que pudesse. E ele tentou, colocando as bolas a esmo dentro do jarro, tentou mais três vezes e não conseguiu. A mãe então pediu que ele tentasse intercalar as bolas pequenas com as maiores, verificando, de acordo com o tamanho, quais bolas caberiam melhor nos espaços restantes, até completar o jarro. Assim ele fez e deu certo!

Pode ser que você não tenha compreendido a moral dessa história, então vou explicar melhor: se você, como 99% das mulheres modernas, sofre com a falta de tempo para se dedicar a questões domésticas básicas, como estabelecer horários para as refeições e respeitá-los, além de ter dificuldade em se comunicar pessoalmente com as pessoas ao seu redor pelo mesmo motivo, sugiro-lhe que pense um pouco mais sobre esse assunto. Todo mundo precisa comer, e, com exceção do almoço e do jantar, as refeições descritas são bem rápidas e podem ser feitas em qualquer lugar onde você se encontre, mesmo no carro, no ônibus ou na sua mesa de trabalho. Basta estar disposta a fazê-lo e escolher os alimentos certos, o que não a fará perder tempo de forma alguma (veja algumas dicas no Anexo E).

Se você não costuma ter horário fixo para o almoço e/ou jantar, pense em seu filho: ele, pelo menos, precisa ser alimentado nos horários certos. Empenhe-se em determiná-los e certifique-se de que ele os siga.

Quanto à falta de tempo para se comunicar pessoalmente com todas as pessoas envolvidas no processo de fixar horários para as refeições e mantê-los, utilize recursos modernos como você para esse fim. Por exemplo, deixar bilhetinhos na geladeira com as novas instruções ou use o telefone fixo, o celular, e-mail, fax; enfim, os recursos estão à sua disposição, basta escolher um deles e usá-lo.

Os horários das refeições e lanches devem ser combinados entre todos — pai, mãe e filho —, de acordo como os hábitos da família, como o horário de acordar, de ir para a/o escola/trabalho, de chegar da/do escola/trabalho etc. Fixem juntos um horário para o café da manhã, lanche da manhã, almoço, lanche da tarde, jantar e ceia. (Nas escolas normalmente o horário para o lanche das crianças que estudam no período matutino é no meio da manhã, entre 9h e 10h, ou no meio da tarde, entre 14h e 15h, para as que estudam no período vespertino).

Serão seis refeições ao dia, incluindo os lanches. O fracionamento das refeições, ocorrendo várias vezes ao dia, traz inúmeros benefícios à saúde.

Comer um volume reduzido de alimentos várias vezes ao dia faz que não haja exageros alimentares na próxima refeição. Quando temos fome, normalmente buscamos os alimentos mais calóricos, pois nosso corpo pede energia instantânea. Assim, comemos o que não devemos e em maior quantidade do que necessitamos. Intervalos de duas a três horas entre as refeições e lanches são ideais para manter constante o nível de glicemia, bem como para ajustar a produção de neurotransmissores como a serotonina, da insulina, das lipoproteínas, enfim, de tudo que nos proporciona mais disposição, maior capacidade cognitiva, controle da saciedade, para não falar na prevenção de doenças.

Veja como o corpo humano é perfeito: quando você deixa um intervalo muito grande entre uma refeição e outra, pula refeições ou faz dietas muito rigorosas sem orientação médica, seu corpo lança mão de um mecanismo de defesa para protegê-la contra a morte por inanição. Seu metabolismo, aquele mecanismo que usa a energia acumulada no corpo para fazê-lo funcionar sem que você perceba, diminui ao mínimo possível para manter alguma reserva de energia para a época das vacas magras. Com isso, seu corpo passa a preservar a maior parte das calorias que você consome, e as preserva em forma de **gordura**.

Sim, isso ocorre, e pior: o organismo tenta preservar esses acúmulos de gordura espalhados pelo corpo com todas as suas forças, sendo muito difícil convencê-lo de que você não está perdida numa selva, passando fome. Quanto mais você teimar em comer muito espaçadamente, em pular refeições ou em seguir dietas malucas, mais esse mecanismo de defesa se intensificará, tornando-se cada vez mais difícil alcançar o peso ou a saúde ideal.

Com seu filho funciona do mesmo modo. Fracionando mais as refeições, você o ajuda a ficar bem nutrido o dia todo, além de evitar que ele chegue com muita fome à próxima refeição e inevitavelmente exagere, principalmente em relação aos alimentos mais calóricos. Desse modo, o organismo dele terá tempo e oportunidade de metabolizar o que foi consumido, fazendo assim que ele coma melhor, não engorde, tenha sua digestão facilitada e fique mais saudável.

Voltemos aos horários.

Vocês já combinaram os horários para as refeições e já sabem por que devem fracioná-las em seis vezes ao dia. Agora os horários devem ser repassados, de preferência por escrito (aumenta sua importância), para a empregada, babá, cozinheira. Com a avó, é melhor falar com jeitinho, mas não deixe de repassar os horários acertados para todos os envolvidos e **siga-os**.

Não mexa no cardápio ainda, somente fracione o que vocês estão acostumados a comer em seis refeições. Defina, junto com o resto da família, os horários mais convenientes para cada uma, obedecendo aos intervalos de duas a três horas entre elas. Repasse-os aos envolvidos nesse processo e siga os horários combinados (o que estou dizendo pode ser repetitivo, mas é muito importante que você fixe isso).

Comece por você. Se não seguir horários, ninguém a levará a sério e tudo vai continuar na mesma.

Depois de organizar os horários das refeições, concentre-se no ambiente.

A peregrinação

Parte III

Arrume a mesa

O momento das refeições deve ser apreciado por todos e ser agradável, para que todos sintam vontade de sentar-se à mesa para comer.

Chega de colocar a toalha só na metade da mesa, ou então aproveitar a toalha do café da manhã, cheia de migalhas de pão e manchas de café. Use uma toalha limpa na mesa toda, coloque pratos, copos e talheres do mesmo jogo, uma jarra bonita com água bem fresquinha no centro, ou um arranjo de flores, e guardanapos de papel ao lado dos pratos; e evite usar pedaços dobrados de papel absorvente. São pormenores que parecem desnecessários, mas não são. Os detalhes podem fazer toda diferença e ajudam a tornar o horário das refeições um momento de prazer.

A forma como os alimentos são apresentados, o clima nos horários das refeições, os estímulos sensoriais, como o olfato, a audição e principalmente a visão, influenciam muito na aceitação dos alimentos. O horário das refeições é uma experiência individual constantemente marcada pela forma como os alimentos são oferecidos, pelo ambiente em que são servidos e também pelas pessoas envolvidas em tal momento. São aspectos, talvez, muito mais importantes que o cardápio em si, porque a alimentação é um ato de convívio social que envolve emoções e sensações, e os alimentos estão intimamente associados a diversas representações psicológicas.

A sensação de bem-estar no horário das refeições é imprescindível para um bom relacionamento entre pessoas e alimentos.

Minha mãe é uma cozinheira excelente, o cheiro de sua comida basta para abrir qualquer apetite. Mesmo assim eu me casei, aos 23 anos, sem ao menos saber fazer arroz. A primeira refeição que preparei na minha casa nova, assim que me casei, foi uma lasanha à bolonhesa, que seria servida a meus sogros e uma de minhas cunhadas, com suas duas crianças.

Eu nunca tinha feito lasanha na vida, nem molho de tomate, nem carne moída, mas me arrisquei e apostei no marketing. Comprei massa semipronta para lasanha, daquelas que não precisam ser cozidas, molho pronto de tomate, mas a carne moída tive de fazer. Montei a lasanha em uma linda travessa de vidro, polvilhei-a com bastante mozarela e orégano, levei-a ao forno para que o queijo derretesse. Preparei uma linda e colorida salada mista com legumes variados e folhas a serem temperados com três tipos de molhos diferentes — comprados, lógico. Tirei-os das embalagens e os coloquei em molheiras ao lado da salada; espremi algumas laranjas para o suco; comprei quatro tipos diferentes de frutas coloridas para a sobremesa, lavei-as, sequei-as e as coloquei numa fruteira de cristal.

Arrumei a mesa como para uma festa: a melhor toalha, pratos combinando, copos de cristal, guardanapos de tecido, talheres reluzentes, um arranjo de ervas aromáticas e flores no centro.

Coloquei minhas lindas travessas com a comida à mesa; com toda cerimônia, servi o suco de laranja contido na minha perfeita jarra de cristal, despejando-o nos meus reluzentes copos também de cristal. Tocava música ambiente ao fundo, para disfarçar o barulho dos ônibus e dos carros que passavam a todo instante na avenida movimentada onde ficava meu prédio. Falou-se sobre a festa do casamento, sobre como as damas de honra — as duas crianças presentes — estavam lindas, quantas coisas bonitas o padre disse, enfim, risadas, alegria...

A massa da lasanha ficou muito dura e grudada no fundo da travessa, a carne moída estava crua e sem sal, o molho, muito ácido, e o gosto de queijo predominou, sendo que ficou pingando um líquido estranho, amarelado, gordura pura. Também exagerei no orégano. Mas, para minha surpresa, parece que ninguém, além de mim, percebeu isso. Meus convidados se serviram e repetiram; até as crianças, que geralmente são honestas, elogiaram bastante a refeição e comeram de tudo.

Desde aquele dia, sempre que reunimos esse mesmo grupo para uma refeição, sou escalada para preparar minha especialidade: lasanha à bolonhesa. Por isso, invista no marketing ambiental e visual. O ambiente conta **muito** para a aceitação da comida.

É também recomendável fazer que pelo menos algumas refeições por semana ocorram com a família toda reunida. Isso é agradável à criança, pois dá a ela a sensação de fazer parte de um grupo, um grupo querido e respeitado, o que lhe traz aceitação e segurança, sentimentos também relacionados com o ato de se alimentar, o que é muito importante. Mas, para isso, o clima deve ser descontraído, alegre, sem cobranças ou conversas sérias e desagradáveis.

Assuntos banais, de interesse geral, devem ser predominantes nessas ocasiões. Discussões e temas como trabalho, falta de dinheiro, provas, boletins, bagunça e injustiças devem ficar para outras oportunidades.

Preciso lhe dizer uma coisa...

Conversamos até aqui sobre a necessidade de algumas mudanças de conceitos, mudanças na rotina, nos hábitos etc., e muitos desses hábitos talvez sejam escandalosamente diferentes daquilo a que você e sua família estão acostumadas. Foi oferecida uma grande quantidade de informações, todas elas importantes para que você consiga alcançar seus objetivos, e justamente por isso deve estar ansiosa e preocupada.

Você vai conseguir atingir seus objetivos, mas ainda há muito trabalho pela frente. Estamos no início das informações e das mudanças. Por isso, vá com calma. Não se estresse, não tente fazer tudo de uma vez.

As mudanças deverão ser feitas aos poucos, paulatinamente, sem atropelos. Não adianta pensar que tudo será mudado de um dia para o outro, não é assim que funciona. Primeiro é preciso que você esteja segura do que quer e de por que quer. Informe-se, instrua-se, encha-se de argumentos e de confiança para fazer aquilo que você realmente acredita que seja certo e bom. Depois organize-se, e só então introduza as alterações, de modo tênue. Deixe que sua família assimile as informações e se acostume primeiro com a mudança inicial antes de passar para a próxima; é mais fácil assim.

Considere um período de mais ou menos quinze dias como duração da fase de adaptação, por parte de todos, aos novos horários das refeições, e uma semana para se acostumar a oferecer à sua família um prazeroso ambiente de refeições. Depois dedique o tempo que for necessário para que o maior consumo de água e uma mastigação benfeita tornem-se hábitos.

Tente não virar uma chata, não pegar muito no pé de seu filho, mas seja sempre firme e ensine-lhe o correto. Use seu poder de persuasão e convencimento e dê-lhe o exemplo.

Nesse ponto vocês estarão preparados para começar a mexer na dieta.

Água para refogar?

Uma mudança bem leve e que não costuma chocar, pelo menos aqueles que não estão envolvidos no preparo das refeições, é reduzir o óleo de cocção dos alimentos. Ninguém além de você — e da pessoa que cozinha para você regularmente, caso conte com ajuda para esse fim — precisa saber que se diminuiu o óleo na preparação dos pratos.

Não dá para perceber, pois a maioria dos alimentos não requer muito óleo para a preparação (e na maioria das vezes não precisa de nenhum). "É, mas o sabor da comida também irá embora!" Não é o óleo que dá sabor ao alimento.

O óleo de cocção na verdade serve para que o alimento não grude no fundo da panela; então, se você começar a usar panelas antiaderentes, não terá mais desculpas. É possível cozinhar com pouco óleo sem perder em qualidade e sabor.

Lembre-se da quantidade de óleo já comentada para o preparo das refeições: você deve utilizar no máximo 2 colheres de sopa de óleo por pessoa para preparar a comida de um dia inteiro. Faça as contas e comece a utilizar a colher de sopa para medir o óleo de cocção e evitar exageros desnecessários; ao menos tente.

Comece pelos legumes refogados. Pare de refogá-los no óleo ou na manteiga e passe a cozinhá-los no vapor ou pela técnica do gotejamento, que funciona da seguinte forma: primeiro limpe e pique o legume como de costume, depois coloque-o em uma panela, pingue algumas gotas de água, ligue o fogo e tampe-a; depois mexa o legume com uma colher e vá pingando água na panela — somente o necessário para que o legume não grude no fundo; quando ele já estiver no ponto que você deseja, é só desligar o fogo e temperar a gosto, se já não tiver feito isso antes. Dessa forma, os legumes conservam mais nutrientes, ficam mais saborosos e com cores mais bonitas.

Você pode usar a técnica do gotejamento de água para cozinhar qualquer tipo de legume ou verdura, e até para preparar bife ou frango. O bife fica moreninho, cheiroso e igualmente delicioso, assim como o frango. Experimente! O arroz e o feijão também não precisam de óleo para o cozimento, e o arroz fica soltinho, sem diferença nenhuma.

Reconheço que o aroma produzido por alho e cebola fritando em um pouco de óleo é realmente fantástico. Além de o cheiro ser gostoso, crianças e adultos de fato precisam de um pouco de óleo vegetal na alimentação — 2 colheres de sopa por pessoa, por dia. Assim, utilize essa quantidade de óleo vegetal para preparar os alimentos, e só. Não exagere.

Gorduras boas e gorduras más

Você deve se lembrar de ter lido aqui informações sobre as gorduras boas, presentes nos óleos vegetais e no azeite de oliva extravirgem, e sobre as más: a saturada, a vegetal hidrogenada e a trans.

O próximo passo para a mudança alimentar da família consiste na substituição de grande parte das gorduras más pelas boas. Se você ainda usa banha de porco, *bacon* ou manteiga para cozinhar diariamente, está na hora de começar a substituí-los por óleos vegetais, tais como o de soja, canola, girassol, milho etc.

Se sua família costuma consumir regularmente (mais de uma vez por semana) preparações com creme de leite, manteiga, *bacon*, queijos amarelos, embutidos, carnes gordas, frituras em geral, gordura hidrogenada, molhos cremosos, com certeza o consumo de gordura — e do tipo ruim, o que é pior — de vocês se encontra muito acima do recomendado.

Assim sendo, você tem duas alternativas: substituir o creme de leite por iogurte natural desnatado, a manteiga por margarina *light* sem gordura trans, o *bacon* por alho desidratado, os queijos amarelos por queijo branco *light*, os embutidos por suas versões *light*, as carnes gordas pelas magras, as frituras por assados, cozidos ou grelhados, a gordura hidrogenada pelas margarinas *light* sem gordura trans, os molhos cremosos pelo molho de tomate; **ou** substituir o consumo **regular** (mais de uma vez por semana) pelo consumo **esporádico**.

Atente também para este detalhe importante: **nunca** reaproveite óleo já utilizado em alguma preparação, mesmo que ele esteja limpo. Qualquer óleo, depois de aquecido, sofre alterações em sua composição química e pode se tornar fonte de más gorduras, como aquelas que já estudamos. Outra substância que pode se formar durante o aquecimento dos óleos é a acroleína, altamente cancerígena. Observe que as frituras por si sós já são péssimas para a saúde, e que reaproveitar em outro cozimento os óleos já usados é uma economia falsa. Economiza-se em dinheiro, perde-se em saúde.

Você já deve ter percebido que devemos evitar ao máximo as frituras; mas se mesmo assim você teimar em fazer alguma fritura em casa, prefira sempre os óleos vegetais. Os melhores óleos para frituras são o de arroz refinado (o alimento absorve menos óleo), o de amendoim e o de milho, pois têm um ponto de saturação mais alto que os outros.

A melhor maneira de utilizar os óleos nas frituras é aquecê-los rapidamente até $180°C$, colocar o alimento a ser frito em pequenas porções e retirá-lo o mais rápido possível. Como vê, fritura só traz trabalheira e nenhum benefício, com exceção de agradar o paladar. Portanto, evite-a!

Ao preparar frango, retire de antemão a pele; no caso de carnes vermelhas magras, remova antes do preparo toda a gordura visível, descartando-a; o couro dos peixes também deve ser retirado antes do preparo. Prefira carnes brancas (frango, peixes) às vermelhas (vaca, porco), restringindo o consumo das últimas a duas ou três vezes por semana.

Quanto aos iogurtes, escolha sempre os desnatados, que contêm menor teor de gordura saturada, ou, pelo menos, os semidesnatados. Em relação ao leite, você pode diluir o integral em água (⅔ de leite + ⅓ de água filtrada). O gosto fica melhor que o do leite desnatado, e essa mistura reduz a concentração de gorduras e garante a absorção das vitaminas A e D, que são lipossolúveis.

Essas mudanças todas podem lhe render muitos protestos, então vá com calma. E fique firme; com muito amor, mas firme.

Atenção!

Tudo que estou escrevendo neste livro sobre reduzir, substituir ou aumentar isso ou aquilo, fazer assim ou assado, serve também para as refeições feitas fora de casa, principalmente se for uma prática habitual.

Em restaurantes, lanchonetes, bares e cantinas sempre há opções mais saudáveis. Agora que você já sabe o que escolher, escolha o certo, escolha o melhor.

Se refeições regulares são feitas na casa de parentes ou amigos, a situação se complica um pouco, pois você terá de inventar alternativas para o caso de a comida deles não ser muito saudável. Você pode tentar fazer que esses parentes ou amigos apoiem a sua causa e melhorar a alimentação deles também. Que tal lhes fazer uma gentileza, cuidando de suas compras de supermercado e enchendo o carrinho com alimentos saudáveis e variados? Ainda há a opção de fazer essas refeições em outro lugar. De qualquer forma, que esses contratempos não sirvam como desculpas bem-vindas para justificar, solenemente, a impossibilidade de dar sequência à reeducação alimentar.

Lanches

Aqui as coisas costumam se complicar um pouco.

Café da manhã, lanche em casa, lanche na escola, ceia. Essas refeições, muitas vezes negligenciadas, consideradas sem importância, normalmente são associadas com o consumo de produtos do tipo *snack*, sempre cheios de gorduras, açúcar e/ou sódio — o que é inadmissível do ponto de vista de qualquer tentativa de educação ou reeducação alimentar que se preze.

O café da manhã é muito importante. Durante o sono, o organismo utiliza as reservas de nutrientes acumuladas ao longo do dia e praticamente os exaure. Dessa forma, esses nutrientes precisam ser repostos assim que se acorda, para que possam dar continuidade a um bom funcionamento de todo o corpo durante a manhã. Um bom café da manhã deve conter uma fonte de carboidratos (pão, cereal), uma fruta ou suco natural de fruta (vitaminas e minerais) e uma fonte de proteínas e cálcio, como o leite, iogurte, queijo, coalhada. Se o problema for falta de tempo, uma vitamina de frutas batidas com leite e aveia o resolverá (veja o Anexo E).

As refeições intermediárias, como o lanche da manhã, o lanche da tarde e a ceia, podem ser mais frugais, porém deve-se atentar para a qualidade dos alimentos que as compõem, sendo preciso utilizá-los para equilibrar o quadro de nutrientes necessários durante o dia. Esse assunto já foi abordado quando se falou sobre montagem do cardápio e porções.

Você tem várias opções para compor essas pequenas refeições: frutas, sucos de fruta, bolachas sem recheio e sem gordura trans, pães, cereais, torradas, granola, iogurtes, queijo fresco, queijo *petit-suisse*, leite, leite fermentado, chás, vitaminas, bolo simples caseiro etc.

O lanche na escola é um problema à parte. No ambiente escolar, o lanche, geralmente é:

- trazido pela criança pronto, de casa;
- oferecido pela escola;
- comprado pela criança na cantina da escola.

Essa opções, certamente, são as mais frequentes. Vamo-nos ater a elas.

No Brasil, o Programa Nacional de Alimentação Escolar, gerenciado pelo Fundo Nacional de Desenvolvimento da Educação, visa transferir, em caráter suplementar, recursos financeiros aos estados, ao Distrito Federal e aos municípios nele inscritos, os quais são destinados a suprir, parcialmente, as necessidades nutricionais dos alunos. Conhecido antigamente como Programa de Merenda Escolar, ele é considerado um dos maiores programas de alimentação escolar do mundo. Podem participar dele creches, escolas de educação infantil e de ensino fundamental, inclusive escolas indígenas. Recentemente, foi estendido ao ensino médio, restringindo-se, porém, a escolas públicas ou filantrópicas que obedeçam a uma série de quesitos que não cabe comentar aqui.

A verba para a alimentação escolar, apesar de mínima e insuficiente, é quase sempre utilizada de forma inteligente pelas nutricionistas dos municípios, que se desdobram para oferecer uma refeição saudável e de qualidade às crianças (pelo menos é o que se espera).

Se seu filho frequenta uma escola particular e você paga pelo lanche que ela lhe oferece, fique atenta a vários aspectos.

O primeiro aspecto, claro, refere-se ao cardápio, que deve ser variado e se basear no conceito de alimentação saudável. É comum as escolas oferecerem alimentos que as crianças adoram e aceitam sem nenhum esforço. Mais práticos e estocáveis, esses alimentos muitas vezes também são aprovados pelas mães, porque o filho não reclama do lanche, não passa fome e a escola cumpre sua missão de dar de comer às crianças, deixando todos felizes. Se a escola de seu filho for assim, você vai precisar ser aquela mãe chata e exigente.

Agora você já sabe que os lanches são muito importantes, que devem ser efetivamente contabilizados na prática de uma dieta alimentar equilibrada e que por isso também precisam ser saudáveis. Não devem servir apenas para encher a barriga ou agradar as crianças, como pensa a maioria das pessoas. Não pode haver concessões a esse respeito; as escolas precisam ter consciência disso e se adaptar para oferecer lanches saudáveis às crianças. Exija isso delas, uma vez que é você quem está com a razão.

Converse com o(a) diretor(a) sobre as mudanças necessárias no cardápio. Discuta com o(a) coordenador(a) pedagógico(a) a necessidade de aulas de educação nutricional para os alunos. Alerte outras mães acerca da importância de uma boa alimentação para a saúde das crianças. Converse também com as mães sobre o que a escola está oferecendo aos alunos, arrebanhe aliados e lute por sua causa. Tudo para o bem de seu filho e das outras crianças. As escolas têm de se preocupar mais com a saúde dos alunos; não é um favor que fazem à comunidade, é um dever, conforme a lei (Resolução CNS n. 408, de 11 de dezembro de 2008).

A seguir, algumas sugestões de lanches saudáveis que podem ser apresentados à escola de seu filho ou preparados por você para que ele os leve na lancheira.

- pães e similares: integral, de leite, de forma, sírio, bisnaguinha, bisnaguinha integral, torradas, bolos simples feitos em casa, bolo caseiro de frutas ou legumes, bolachas doces ou salgadas (sem recheio e sem gordura trans), salgados e tortas salgadas assados e feitos por você ou por alguém de sua confiança, biscoitos caseiros, biscoitos de polvilho (sem gordura trans), pão de queijo caseiro (sem gordura hidrogenada);

- frutas: qualquer uma, desde que não seja necessário um talher para cortá-la;
- para beber: iogurte com frutas *light*, suco de fruta natural, água de coco, suco tipo néctar de caixinha (no máximo uma caixinha por dia), leite, leite fermentado, leite desnatado com chocolate, leite de soja, frapê;
- recheios: margarina *light* (sem gordura trans), requeijão cremoso *light* (sem gordura trans), queijos brancos *light*, queijo mozarela *light*, queijo prato *light*, ricota fresca *light*, patês de legumes, peito de peru *light*, presunto magro, geleia caseira de frutas.

Os lanches deverão ser caprichados, saborosos e nutritivos, sempre.

Creio que a melhor opção seja a criança levar consigo o lanche preparado em casa, mas... esteja ciente de que, na escola, seu filho sempre verá o lanche do colega como mais gostoso e eles podem acabar fazendo uma troca. Faça sua parte e torça para que a mãe do coleguinha de seu filho também tenha o mesmo cuidado com a alimentação do filho dela.

Já falamos sobre os tipos de lanche que podem ser oferecidos às crianças e sobre como lidar com as porções, então vamos às lancheiras. Alguns cuidados devem ser levados em consideração, como os que envolvem a higiene. A lancheira não é só um acessório bonitinho a ser levado à escola; é onde você vai acondicionar o lanche de seu filho. Por isso, obrigatoriamente, ela deve ser térmica e apresentar um certificado relativo a essa especificidade na etiqueta. Lembre-se de que o lanche, normalmente, contém produtos perecíveis que necessitam de refrigeração; por esse motivo, deverá ser guardado na geladeira até o momento de a criança ir para a escola. Na lancheira, deverá ser mantido resfriado para não estragar, caso contrário poderá fazer mal a seu filho. O mesmo vale para o recipiente onde a bebida é acondicionada, para que o suco não perca muitas vitaminas ou o leite não azede. Tal recipiente tem de ser térmico e a bebida só deve sair da geladeira para o frasco da lancheira na hora de ir para a escola.

A limpeza da lancheira deve ser diária e realizada com álcool a 70%; pelo menos duas vezes por semana, ou sempre que necessário, deverá ser lavada com água e detergente neutro. Os lanches deverão ser embalados em filme plástico e colocados em recipientes com tampa.

Comprar o lanche na cantina da escola permite que seja testada a eficiência da educação nutricional que seu filho recebe em casa e na escola.

Ele vai escolher o que comer e o que beber... **Ele** vai escolher o certo... ou o errado... Ou, ainda, vai escolher o errado por falta de opção.

Em uma situação como essa, você tem duas alternativas: voltar à lancheira ou cruzar os dedos. Só há uma coisa a fazer: **dar o exemplo**.

Uma criança que não tem bons hábitos alimentares em casa dificilmente os terá na escola, por mais que você queira que isso aconteça. As crianças são o reflexo dos exemplos dos pais (principalmente da mãe).

"Tudo que foi dito é realmente muito bom, mas e na prática? Como ficam as comidas de que as crianças gostam (bolachas recheadas, salgadinhos, salsicha, batata frita, chocolates, balas, pirulitos, sorvetes, doces, bolos incrementados)? Não dá para evitar essas coisas para sempre!"

Vamos ao próximo capítulo.

Comida de criança?

Imagine luzes estroboscópicas piscando e diversas sirenes tocando. Agora abra bem os olhos, aguce os ouvidos e me ouça gritar:

**COMIDA DE CRIANÇA
É COMIDA SAUDÁVEL!**

Comida de criança **não são** os doces, balas, chocolates, bombons, chicletes, salgadinhos, sorvetes, pizzas, hambúrgueres, batatas fritas etc.

O indivíduo que inventou essa história de que criança tem de comer de modo diferente do adulto, de que ela pode comer só aquilo de que gosta, de que devemos sempre ter em casa algumas comidinhas para agradar o filho ou para quando ele não gostar de nada do que houver para o almoço... deveria ser preso.

Meus ouvidos doem quando ouço algumas mães ou qualquer adulto dizerem, enquanto enchem a criança de guloseimas: "Aproveite, meu filho, enquanto você pode!" Essa frase deveria levar o sujeito que a dissesse à cadeia!

É o mesmo que dizer: "Coma tudo que tiver vontade de comer, meu filho, enquanto a sua saúde ainda é boa, permitindo que você aproveite. Eu é que já não posso comer guloseimas, porque o médico me proibiu, pois esse tipo de comida pode me matar. Mas você não, filho, você ainda pode comer, eu deixo, compro o que você quiser. Coma todas essas gostosuras agora, porque vai chegar logo o dia em que você ficará doente igual a mim e não poderá mais comer nada do que gosta, senão vai morrer cedo".

Não precisamos ser gênios para perceber como é cômodo chegar a um supermercado e encher o carrinho de salgadinhos, bolachas, bolinhos, bombons, batatas *chips*, refrigerantes, macarrão instantâneo, salsicha, frango empanado, achocolatado de caixinha, pipoca de micro-ondas, chocolates diversos, balas, doces, chicletes, *cookies*. É muito prático, e comidas como essas agradam qualquer criança, de 4 meses a 90 anos de idade, a qualquer hora do dia e da noite.

Mas, dando um passo além da comodidade e praticidade...

Se perguntássemos a um milhão de crianças o que elas gostam de comer, 100% delas citariam pelo menos um dos alimentos mencionados agora há pouco. E se perguntássemos com que frequência gostariam de comer esses alimentos, diriam sem pestanejar: todos os dias.

Outro fator a ser considerado é que existe uma linha muito fina, quase obsoleta, separando o que se quer fazer do que se deve fazer. E no caso da comida não é diferente: existe aquilo que criança adora comer e aquilo que deve comer, separados por essa linha imaginária. Mas, considerando-se tudo que já leu até aqui, você deve ter conhecimento suficiente para saber que uma alimentação baseada no que se **deve** comer pode contribuir para o crescimento, desenvolvimento, saúde e vida de uma criança. Por outro lado, uma alimentação baseada somente no que se **quer** comer pode contribuir para um crescimento irregular, um desenvolvimento inadequado, o aparecimento de inúmeras doenças e a morte prematura.

"Mas como fazer que meu filho entenda isso?"

Seu filho não vai entender, por mais que você lhe explique. Crianças são egocêntricas por natureza e por isso sempre buscam o próprio prazer, principalmente aquele a que já estão acostumadas, e lutam por esse prazer com unhas e dentes. Elas não têm maturidade, conhecimento ou experiência suficiente para lidar com questões mais complexas. Para as crianças, não importa o fato de que a pipoca de micro-ondas é cheia de gordura trans, ou de que a jujuba é puro açúcar com corante. Elas não entendem, não têm consciência das diferenças nutricionais entre os alimentos e o que buscam sempre é o próprio prazer, é instintivo. Preocupação com saúde e qualidade de vida é algo que ainda está a anos-luz de seus pensamentos.

Então, é **você** quem precisa ter esse discernimento.

Há cerca de vinte anos, o Brasil era marcado pela desnutrição infantil, um problema de saúde pública causado por falta de comida. Hoje, as estatísticas mudaram, e estamos testemunhando a construção de um país de obesos anêmicos, graças ao mau uso da alimentação. O que antes se tratava de um problema referente a políticas públicas hoje se trata de displicência e escolhas erradas por parte dos pais, porque, infelizmente, cabe a nós a árdua tarefa de decidir o que nossas crianças vão comer.

Cabe a **você** decidir o que **seu** filho comerá.

Não se engane. Não cabe à mídia, com suas propagandas banhadas em gorduras e recheadas de açúcar, nem à escola, onde seu filho passa boa parte do dia, nem ao amiguinho mais chegado, sempre imitado por ele. Não cabe também a seu filho — com os seus "Não gosto disso", "Só quero aquilo" — preocupar-se com as consequências de uma alimentação desequilibrada sobre sua saúde, sua capacidade de estudar, trabalhar, divertir-se, sua aparência, sua vida; essa preocupação deve ser **sua**.

Pare de tentar empurrar para outras pessoas uma responsabilidade que é sua. Pare de esperar que seu filho descubra sozinho o que é melhor para a saúde dele. Pare de aceitar todas as suas vontades e exigências. Chega de sucumbir aos seus choramingos, birras e chantagens. Seu filho é só um ser imaturo, inexperiente e inocente, cujos hábitos errados precisam e podem ser mudados. Basta que alguém o encaminhe na direção certa, e não há ninguém melhor que **você** para fazer isso por ele.

Você se preocupa com ele, e tem de agir.

Chega de culpar a falta de tempo, a personalidade do seu filho, as más influências da família ou dos amigos dele. Pare de se esconder atrás de desculpas e faça alguma coisa. Em toda e qualquer mudança, como a que estou lhe propondo — a mudança dos hábitos alimentares de sua família —, existem inconveniências e dificuldades, mas deixar-se vencer por elas depende exclusivamente de uma escolha. Sua escolha.

O hábito de consumir guloseimas e esses alimentos considerados "comida de criança" pode destruir a saúde de seu filho, e é você quem pode permitir ou impedir isso. Você escolhe.

Todo mundo conhece pelo menos uma história sobre alguém que comia só duas vezes por dia, cozinhava com banha de porco, ingeria frituras todos os dias, fumava, bebia e, mesmo assim, viveu até os 103 anos de idade sem nunca ter precisado ir ao médico. Acredite: casos como esse são exceções, e não a regra. Não aposte na possibilidade de seu filho ser uma exceção, porque você terá mais a perder do que a ganhar com isso.

Comida de criança é comida saudável, equilibrada, que ajuda a preservar a saúde e a vida do seu filho. Comida de criança é aquela que faz que ele cresça e se desenvolva como deve, e que, por esse motivo e por todas as consequências disso, pode fazê-lo mais feliz.

Coração mole

Como quase toda mãe tem o coração mole demais, institua em sua casa o dia da guloseima. Um dia por semana, no qual seu filho poderá se deleitar com aquilo que ele mais gosta de comer. Mas que seja após as refeições, se a guloseima for um doce, ou em horário de lanche, se for um salgado ou biscoito.

No dia da guloseima seu filho poderá comer e beber o que tiver vontade, mas você deve restringir a quantidade e os horários. Nada de comer todos os bombons da caixa durante o dia, ou um pacotão de salgadinhos no lugar do almoço, outro no lanche e outro no jantar. Use o bom-senso e seja firme!

Você vai se surpreender quando ele preferir salada de frutas a salgadinho com refrigerante no dia da guloseima, e isso acontece. É só ele se acostumar com a rotina e passar a tomar gosto por alimentos saudáveis.

Não espere que seu filho aceite essas mudanças sem nenhum protesto, principalmente se ele já estiver acostumado a comer o que quiser, quando bem entender. Seu filho vai chorar, espernear, dizer que não gosta de você, ameaçar fazer greve de fome ou de banho, e será difícil presenciar essas cenas. Mas não fraqueje, seja firme! Sempre carinhosa, paciente, mas firme.

Quando ele se acalmar, explique-lhe pacientemente por que você está fazendo tais mudanças, mas sem lhe pedir desculpas, pois você não estará fazendo nada de errado. Olhe-o nos olhos, mas com carinho, e não com piedade. Faça-o entender que ele não vai morrer por ser paciente e ter mais disciplina ao comer. Diga que o ama, que quer vê-lo mais forte, bonito, saudável, e que são os alimentos que ele comerá que vão fazê-lo assim. Compare-o com um personagem que ele admire e respeite, diga-lhe que esse personagem come exatamente o que ele vai passar a comer, do mesmo jeitinho. Use e abuse de seu jogo de cintura.

Ele vai continuar chorando, reclamando, desafiando-a. Tenha paciência, perseverança. Converse com ele sempre que possível, com calma e afeto, e nunca se esqueça de que ele vai observá-la constantemente.

Ao observar o que você come, ele constatará se essa conversa toda é séria ou não. Então, **convença-o**, isso é muito importante! Quando você conseguir convencer seu filho de que fala sério e da importância da alimentação para ele próprio, para você e para o bom relacionamento entre ambos, poderá contar com um aliado apaixonado e apaixonante, que tentará até mesmo convencer outras pessoas a comerem melhor, usando os mesmos argumentos que você usou para convencê-lo. Uma graça!

As coisas verdes

Estudos comprovam que, para formar um hábito alimentar, a exposição repetida de novos alimentos às crianças deve ser feita de forma sistemática. Um mesmo alimento deverá ser apresentado e oferecido à criança de oito a dez vezes. Alguns defendem a hipótese de que o oferecimento deva ocorrer de doze a quinze vezes. Em dias espaçados, claro.

Ver um alimento sempre à mesa, fazendo parte da alimentação da família, é um fator que favorece sua aceitação. A recusa inicial de seu filho a alguns alimentos deve ser encarada como uma reação normal, pois trata-se aqui de um exercício de adaptação. Portanto, não se estresse nem se preocupe demais.

O excesso de encorajamento para que se coma certos alimentos pode gerar mais tensão e ansiedade na criança e em você, o que compromete todo o trabalho. É preciso que você exercite sua paciência, mas sem desistir de seus objetivos.

Entre os fatores que devem ser levados em consideração quando da recusa a determinado alimento podem ser citados sua temperatura, cheiro forte ou desagradável, temperos, tipo de corte, mistura de alimentos, temperatura ambiental, alimentação monótona (pouco diversificada) e outros. Quando um alimento é recusado, ele deve ser oferecido à criança novamente em várias outras ocasiões, com corte, tempero ou forma de preparo diferentes.

Por que estou dizendo tudo isso? Porque chegou a hora de encarar seu maior desafio: fazer seu filho comer aquelas coisas verdes que ele detesta. Digo coisas verdes de forma genérica, pois estou me referindo aos "terríveis" legumes, verduras e frutas.

Sou totalmente a favor do disfarce desses alimentos: pode-se misturar purê de abóbora ao purê de batata que seu filho adora e não contar para ele, picar bem miudinhos, no processador de alimentos, uns três tipos diferentes de legumes e algumas verduras e cozinhar tudo no meio do arroz, de forma que ele não consiga separá-los e tirá-los do prato... Essa é uma maneira de melhorar a alimentação de seu filho de forma rápida e indolor.

Sou a favor do disfarce de alimentos **desde que** você também ofereça esses mesmos alimentos que disfarçou em tamanho normal ou, pelo menos, de forma visível e preparados de maneira gostosa; ele vai cheirá-los, pegá-los, prová-los, e só então, se for o caso, fazer careta e recusá-los. Todo esse processo faz parte da educação nutricional de seu filho, sendo que você deve oferecer esses alimentos todos os dias, e não só de vez em quando. Seu filho precisa saber o nome dos alimentos (tomate é tomate, chuchu é chuchu), o gosto (doce, azedo, amargo, salgado, ácido) e de que formas de preparação de determinado alimento mais gosta. Isso só será possível se ele já o tiver visto e experimentado; ele só saberá se gosta ou não de determinado alimento após experimentá-lo de oito a dez vezes, como eu disse antes. Seu filho só vai saber fazer as escolhas certas quando você não estiver por perto se já tiver o hábito de comer certo, e esse hábito não poderá se formar sem que se veja o que se está comendo. No Anexo C, você encontrará algumas dicas referentes ao disfarce de alimentos.

A seguir, algumas sugestões para que você consiga fazer que seu filho coma as coisas verdes tão importantes para a saúde dele.

Aproveite os momentos em que a família está reunida à mesa para fazer dessas ocasiões grandes acontecimentos, reuniões alegres, leves, em clima de união e cumplicidade. Esse tipo de coisa faz que a criança se relacione positivamente com o momento de comer. Esse é um aspecto de extrema importância, pois as crianças adquirem preferências por certos alimentos quando formam associações entre suas características sensoriais, principalmente o sabor, e sensações positivas, como as geradas por um ambiente familiar descontraído, divertido. Se essas ocasiões forem muito raras, tente se organizar para que ocorram com mais frequência — pelo menos uma refeição por semana regularmente, com todos presentes, pais e filhos.

Para ilustrar, podemos pensar nos ambientes que se associam aos alimentos que as crianças adoram. Doces, balas e outras guloseimas são alimentos que costumam ser oferecidos em dias de festa, datas especiais, momentos de lazer etc. Devemos também proporcionar o maior número de momentos especiais, relacionados com uma alimentação mais nutritiva e saudável a nossos filhos. Você não precisa fazer nada extraordinário ou mirabolante para deixar o ambiente do dia a dia mais festivo; basta que esse clima esteja presente durante a oferta de alimentos saudáveis a seu filho.

As crianças são muito simples e se contentam com muito pouco, desde que se sintam amadas, desde que recebam cuidados e tratamento especial, como nos momentos em que os pais se esforçam para entrar em seu mundinho encantado.

Você pode entrar nesse mundo encantado do seu filho de diversas formas; pode, por exemplo, dar nomes diferentes às comidas triviais do dia a dia. Pode oferecer a seu filho coxinhas de compsognato, preparadas especialmente para ele, quando forem comer coxa de frango (compsognato é uma espécie de dinossauro pequeno, segundo meu filho, que entende dessas coisas). Ou então oferecer a ele espadas de luz, referindo-se a palitinhos de cenoura, sopa de minhoca (se ele estiver naquela fase de gostar de coisas nojentas) em vez de sopa de macarrão com legumes (ralados em ralo grosso), sangue de vampiro em vez de suco de uva, comida de pirata em vez de carne com legumes, maçã da Branca de Neve, carruagem da Cinderela (abóbora-moranga inteira que pode ser recheada com carne moída em molho), enfim, qualquer coisa bobinha como essas pode fazer uma diferença enorme na aceitação pelas crianças a comidas que muitas vezes elas rejeitam.

Que tal esconder cenouras junto com os ovos de Páscoa, dizer que o Coelho da Páscoa as deixou ali e depois cozinhá-las no almoço? Ou, quem sabe, preparar um nutritivo suco de monstro no Halloween, um bolo do coração (bolo de beterraba) para o aniversário do boneco ou super-herói favorito do seu filho? Leite com biscoitos caseiros de aveia para o Papai Noel no Natal... Experimente, interaja e divirta-se nesse mundo mágico e imaginativo do seu filho; perceba que, desse modo, ele também ficará mais acessível em relação ao seu mundo, o que é muito favorável a qualquer tipo de educação alimentar.

Use travessas bonitas, pratos decorados e copos com motivos infantis na hora de servir a comida. Você pode utilizar também os próprios brinquedos das crianças para servir algumas preparações (depois de bem lavados, claro): um caminhãozinho com a caçamba cheia de brócolis e cenouras *baby* ou os pratinhos do joguinho de jantar de sua filha para servir tomates cereja, morangos etc. Enfeite as preparações. Faça comidas divertidas com carinhas, monstros, flores (sugestões no Anexo D).

Tolere alguma bagunça à mesa de vez em quando; você pode, por exemplo, deixar seu filho pegar alguns alimentos com a mão e lambuzar-se. Brinque você também com a comida.

Varie o lugar das refeições, faça piqueniques com frutas ou legumes com molhos diferentes e saborosos na sala de estar ou embaixo da mesa da cozinha, coloque a mesa na varanda.

Ponha presilhas com motivos infantis nos guardanapos, ou mesmo um laço de fita colorida, use palitinhos coloridos em legumes para que sejam petiscados, monte espetinhos (com palitos de dente) de vegetais bem coloridos, espetando-os em metades de tomate na hora de servir. Faça um molho gostoso para que acompanhe esses espetinhos e petiscos. Desenhe boca, olhos e nariz com molho de tomate ou de mostarda nas rodelas de beterraba ou cenoura.

Permita que de vez em quando seu filho vá à mesa vestido a rigor, com roupa de festa, perfume, gel no cabelo, ou com fantasias, maquiagem, enfeites de que goste, ou ainda com aquele tênis novo que ele ganhou. Deixe-o, às vezes, servi-la como se vocês estivessem em um restaurante...

É claro que não é preciso nem se deve criar algo especial todos os dias, pois a novidade se torna banal e a criança cada vez mais exigente. Faça algo especial de vez em quando, quando você estiver disposta e o momento for propício. Mas o que você pode e deve fazer todos os dias é proporcionar a seu filho, durante as refeições que fizerem juntos, momentos de descontração, cumplicidade, com conversas agradáveis, sem TV ou outras distrações. Vocês podem partilhar o que fizeram ou farão de interessante naquele dia, ou em qualquer outro dia; enfim, você pode preencher o horário de pelo menos uma das refeições diárias com seu filho com momentos felizes, a serem relembrados no futuro.

Outras dicas:

- Não cozinhe demais os legumes. Prefira cozinhá-los no vapor ou pela técnica de gotejamento (já mencionada). Assim, eles ficarão mais firmes, terão preservadas sua cor e seus nutrientes e ficarão mais saborosos e vistosos aos olhos das crianças.

- Para as saladas: invente molhos diferentes, use ervas, *croûtons* para enfeitá-las, misture frutas coloridas, experimente colocar pimenta-de-cheiro para temperá-las, daquelas que não ardem, enfeite-as com *kani-kama* desfiado, ovos cozidos, pimenta rosa, enfim, use sua imaginação e seu bom gosto. Você pode também variar a maneira de servir a salada, colocando-a em taças de sorvete, copinhos de iogurte coloridos, copos decorados de festa de aniversário etc. Seu filho pode e deve ajudá-la a preparar essas delícias. Ele vai adorar, e talvez até resolva experimentá-las.

- Prepare pastas de ricota ou requeijão enriquecidas com vegetais picados em pedaços bem miudinhos e sirva-as em sanduíches ou sobre torradas na hora do lanche.

- Experimente oferecer tipos diferentes de cortes de um mesmo legume ou verdura, ou usá-lo em distintas preparações. O chuchu, por exemplo, pode ser usado na salada, refogado, cozido no vapor, transformado em purê, adicionado à carne ou ao frango, utilizado para fazer um suflê ou tortas salgadas, recheado, cortado em cubinhos, em pedaços grandes ou em fatias, temperado de formas diferentes, associado com outro alimento de que seu filho goste etc.

- O mesmo vale para as frutas. Ofereça-as inteiras, em pedaços, em fatias, cozidas ou assadas, com aveia ou farofa de gergelim torrado, em saladas de frutas, com granola, mel, canela, com cravos espetados, com cereais, associadas com outros alimentos dos quais seu filho goste. Varie, invente.

- Faça bolos enriquecidos com frutas ou legumes, como bolo de laranja, de cenoura, abobrinha, beterraba, banana, maçã, maracujá, quiuí, abacate e outros.

- Faça sucos com frutas e legumes. Recomendo o suco de acelga, limão e groselha; é muito gostoso e fica com uma cor linda.

❦ Compre poucos legumes, verduras e frutas por vez, pois são muito perecíveis e, quanto mais fresquinhos, mais saborosos e nutritivos. Não se esqueça de lavar esses alimentos com água corrente e desinfetá-los com solução clorada antes de utilizá-los. Preparação da solução clorada: dissolver 1 colher de sopa de hipoclorito de sódio ou cloro a 2% para cada litro de água. Deixe os vegetais e frutas de molho nessa solução por 20 minutos e enxague-os com água filtrada.

❦ O suco natural de frutas é uma ótima opção para acrescentar frutas ao cardápio do seu filho. Se ele gosta de sucos, invista neles. Para que continuem com quase a mesma quantidade de nutrientes que a fruta *in natura*, deverão ser consumidos imediatamente após seu preparo, ou no máximo em 30 minutos. Caso contrário, perderão grande parte de suas vitaminas, mesmo que mantidos na geladeira ou em recipientes tampados. Utilize de preferência jarras de vidro escuras para armazenar e servir o suco, pois elas conservam um pouco mais os nutrientes, que também se perdem com a luz. Não exagere na água para diluição e, principalmente, não exagere no açúcar.

❦ Não tente substituir **todas** as frutas que seu filho precisa comer diariamente por suco de frutas, seja natural, seja industrializado, uma vez que os sucos são muito pobres em fibras e ele precisa delas para ter uma alimentação saudável. Os sucos industrializados são uma opção emergencial; falaremos deles depois.

❦ Para o café da manhã ou lanche, você pode preparar porções de frutas picadinhas e iogurte e colocá-las em copos descartáveis coloridos ou casquinhas de sorvete. Que tal pegar uma daquelas formas para fazer *muffins* ou pães de mel, enchê-las com pedaços de frutas e inventar nomes engraçados para os quitutes, como luas doces (para fatias de maçã), palitos gostosos (para manga cortada em palitos), bolas de cristal (para uvas sem semente), rubis do deserto (para morangos)?

❦ Nenhum alimento é insubstituível. Se hoje seu filho diz não gostar de cenoura, prepare para ele um purê de abóbora; se ele não gosta de abóbora, ofereça-lhe mamão, e assim por diante. Todos esses alimentos de cor alaranjada ou amarela são, em um primeiro momento, nutricionalmente equivalentes, pois são ricos em betacaroteno, o precursor da vitamina A; portanto, as opções para substituição são grandes. Mas também não se esqueça de, dentro de alguns dias, voltar a oferecer-lhe a cenoura, depois a abóbora, até que ele passe a comer a maioria dos alimentos oferecidos. Isso pode demorar, mas acontece.

- Não se desespere quando seu filho não quiser comer nenhum vegetal. Esse aprendizado leva tempo e você precisará ser paciente. Sua ansiedade pode pôr tudo a perder. Relaxe. Se você disfarçar os alimentos, ele comerá vegetais sem perceber, terá uma boa alimentação e você poderá ser sincera ao dizer "Tudo bem!" quando ele recusar as saladas e legumes. (Não se esqueça do que combinamos: você pode disfarçar, mas sem deixar de oferecer o original, diversas vezes. Lembre-se também de dar o exemplo.)

- Mantenha a calma ao encarar as mudanças de humor de seu filho relacionadas com as refeições. Ele pode comer um prato enorme de abobrinha hoje e recusá-la terminantemente daqui a três dias; pode comer muito bem hoje e amanhã não ter apetite algum; pode querer comer sozinho hoje e amanhã querer que você o ajude. São normais essas inconstâncias em se tratando de crianças, não é nada preocupante. Respeite-as.

- Montar uma horta no quintal de casa ou em uma floreira, contando com a ajuda do seu filho, é uma atividade bastante educativa e pode estimulá-lo a experimentar, com gosto, aquilo que ele ajudou a plantar e a colher.

- Se seu filho tem por volta de 5 ou 6 anos, ele deve ser muito curioso e gostar de novas experiências. Essa é uma ótima fase para deixá-lo ter contato com diferentes sabores que muitas vezes evitamos tornar acessíveis às crianças, como o sabor amargo, o ácido, o azedo ou o picante; porém, as crianças precisam ter contato com todos os sabores. Quanto maior esse contato, maiores suas chances de passar a comer de tudo. Além disso, a tolerância a sabores diferentes e tachados de desagradáveis, como os que citei, é determinada em parte geneticamente. Assim, seu filho pode ter maior tolerância a certo sabor do que outra criança, ou mesmo do que você.

- Não se esqueça: mais importante que qualquer ideia mirabolante para fazer seu filho comer legumes, verduras e frutas é o seu exemplo. Você sempre será a melhor propaganda. E tão importantes quanto seu exemplo são as caras e bocas e os comentários que você faz em relação a esse ou aquele alimento. Seu filho a observa constantemente. Eu não sei explicar, mas as crianças parecem ter olhos na nuca e também sentem vibrações no ar. Elas percebem ironia, sarcasmo, cinismo, demagogia, alegria, tristeza, mentira ou verdade num simples resmungo seu ou num pequeno franzir de nariz. Então, cuidado!

❦ É importante não pressionar seu filho a comer. Desenvolva atitudes positivas quanto a essa questão. Ofereça-lhe sempre verduras e legumes se é você quem prepara o prato dele, e se ele não quiser comer algum alimento que você serviu, tudo bem. Diga a ele que o deixe no cantinho do prato e esqueça o assunto, mas continue colocando verduras e legumes no prato dele, mesmo sabendo que ele vai recusá-los. Depois de algum tempo, se algum dia você se esquecer de colocar os brócolis no prato ele se sentirá ofendido e dirá: "Ué! Cadê meus brócolis?" Ele precisa se acostumar a ver o vegetal no prato, sempre.

❦ Se seu filho já prepara o próprio prato, deixe os legumes e as verduras bem próximos dele à mesa e ofereça-os, sem insistir. Sirva-se de um pouco desses alimentos, colocando-os em seu próprio prato. Diga que estão deliciosos e faça algum comentário sobre como aquele alimento seria benéfico para ele se ele o tivesse comido; invente alguma coisa caso não se lembre de nada em especial. Diga-lhe algo sobre aquele jogador famoso do time pelo qual ele torce, diga que ele adora aquele vegetal e por isso joga tão bem (se isso for importante para seu filho, é claro) e esqueça o assunto. O importante é oferecer-lhe esses alimentos sempre, dia após dia, mesmo prevendo as recusas.

❦ Algumas crianças detestam compartilhar suas coisas; na verdade, creio que toda criança passe por uma fase assim. E isso se aplica até aos legumes do prato, mesmo que não tenha a intenção de comê-los. Se seu filho estiver nessa fase ou tiver esse temperamento, de vez em quando, caso ele não coma os legumes, roube-os do prato dele e coma-os você mesma. Ele certamente vai reclamar, algumas crianças até choram de raiva, mas pode ser que na próxima vez ele coma todos os legumes só para impedi-la de atacar o prato dele de novo.

❦ Estimule-o a experimentar os vegetais, um pedacinho só (que seja mesmo um pedacinho). Fale que usou um tempero novo, uma receita secreta. Se ele estiver na fase da fantasia, diga-lhe que você colheu aquele vegetal na horta de uma bruxa nariguda e acha que quem comê-lo poderá ter todos os desejos realizados. Tenho certeza de que você saberá como convencê-lo, e a criança, quando convencida, torna-se bem mais flexível. Uma brincadeira que faço com meus filhos envolve a "hora da mordida". Sempre que aparece algum alimento novo, todos têm de dar uma mordidinha para experimentá-lo, é bem divertido! Caso alguém em alguma ocasião não queira experimentar o alimento, tudo bem, apenas cantamos: "Experimenta! Experimenta!" E, se a pessoa realmente não quiser brincar, a brincadeira acaba. Às vezes acontece, mas em geral todos querem participar.

- Elogie cada tentativa de seu filho de experimentar os alimentos de que ele diz não gostar. Crianças **adoram** elogios.

- Não faça comparações, não acuse, não cobre, não brigue, não dê recompensas, não dê sermões nem castigos, apenas dê-lhe o exemplo e de vez em quando diga algo de bom sobre algum legume, fruta ou verdura, uma coisa positiva, é claro, que não tenha nada que ver com sabor. Como já comentei antes, tem de ser algo que interesse a seu filho, como: laranja evita que fiquemos gripados, banana evita dores nas pernas, mamão ajuda o cocô a sair sem que o bumbum doa, cenoura nos faz enxergar bem, abóbora faz os cabelos ficarem brilhantes, brócolis são a comida preferida dos super-heróis, coisas assim. Diga também coisas positivas que ele provavelmente não entenderá, mas que o deixarão impressionado, como: berinjela ajuda a controlar os níveis de colesterol, uva faz bem ao coração, acerola tem muita vitamina C, vitamina A ajuda a evitar crises de asma. Você encontrará informações como essas no Anexo F.

- Ofereça boa variedade de alimentos e preparações e prefira hortaliças e frutas da época — são mais saborosas e nutritivas, e quanto mais coloridas, melhor.

- De vez em quando, decore os pratos e convide seu filho para uma refeição diferente. Escolha um dia para montar pratos diferentes, utilizando os alimentos para criar figuras engraçadas e bonitinhas, que estimulem a imaginação e levem à interação entre a criança e o alimento, de forma criativa e prazerosa (veja o Anexo D). Você pode até associar a montagem do prato divertido com histórias ou músicas. Se ele for maior e achar meio bobas essas caretinhas no prato, sugira que prepare, como ele quiser, um sanduichão ou uma pizza incrementada usando alimentos como ervilhas, rúcula, tomate, atum ou peito de frango desfiado, queijo fresco e uvas-passas.

Enfim, invente sua maneira de incluir mais verduras, legumes e frutas nas refeições de seu filho. Esses alimentos são, sem dúvida, imprescindíveis à saúde dele.

Para seu filho, talvez a parte mais importante de todo esse esforço para melhorar seus hábitos alimentares e manter a saúde seja o prazer de compartilhar esses momentos com você.

Quanto trabalho!

Realmente, reeducação alimentar não é fácil! O trabalho quadruplicou, não é? Ninguém fica feliz em ter mais trabalho...

Quando você estiver realmente convencida da necessidade de fazer algo em benefício de seu filho e/ou de sua família, depois que tiver obtido o máximo de informações e instruções sobre como trazer mais saúde e vida para dentro de sua casa, todo esse trabalho será irrelevante. Você se conscientizará de seu poder de administrar o que quer que seja, quanto à alimentação e nutrição, para que todas aquelas coisas boas aconteçam. Seu trabalho ficará ofuscado pelos resultados.

Também pensando em amenizar o trabalho, considere que toda mudança de hábitos — tem de ser gradual, paulatina. A mudança — seja ela alimentar ou de outra natureza — precisa ser incorporada aos hábitos da família. Depois de assimilada, passará a fazer parte da rotina, e não será trabalho nem sacrifício, apenas será... hábito.

Vale abrir aqui um espaço para falar das pessoas que a auxiliam em casa: empregados, babás, faxineiras, avós, tios, amigos, vizinhos e outros.

Se você trabalha fora ou necessita do auxílio de outras pessoas para as compras de supermercado, preparo e distribuição das refeições, converse seriamente com elas. Você deve convencê-las da importância que tais mudanças trarão para o bem-estar comum e para a saúde de todos. Transforme essas pessoas em aliadas, inclua-as como beneficiárias das mudanças e, por favor, seja firme. É extremamente difícil mudar um hábito já instalado.

Se a vovó adora fazer polenta frita, assada ou cozida, mole ou dura, **todos** os dias, ou se a empregada só gosta de fazer arroz e carne de panela, você precisará intervir. Utilize sua técnica de persuasão e seu charme para mostrar a elas a importância da variedade dos alimentos, das cores, dos diferentes grupos de alimentos etc., ou seja, compartilhe com elas tudo que aprendeu neste livro. Você terá de ensiná-las a fazer pratos simples, porém variados, com legumes, verduras e frutas, que dão mais trabalho para preparar, sim (e ninguém fica feliz com mais trabalho, como já disse), mas...

DEVEM ESTAR PRESENTES NO PRATO TODOS OS DIAS!

Lembre-se: quem manda na casa e na comida servida é você, mesmo que não seja você a prepará-la.

É você quem cozinha em casa? Pois adote regras também.

Lazer *versus* comer

E o trabalho continua...

A monografia que apresentei em minha pós-graduação em Nutrição Humana e Saúde tratava exatamente da importância de ensinar a criança a se alimentar como deve. Para realizá-la, precisei estudar e pesquisar muito, e em minhas investigações deparei com dados assustadores.

Já comentei antes que o corpo humano é tão perfeito e poderoso que, ao ser privado de alimentação suficiente por certo período de tempo, lança mão de mecanismos de defesa a fim de poupar energia para um possível período de escassez alimentar. Essa grande capacidade de armazenar energia pode até ser de grande valia em períodos de fome, mas para o homem contemporâneo tem se tornado uma verdadeira cruz. O acúmulo de energia em forma de gordura, somado à grande disponibilidade de alimentos altamente calóricos, à facilidade de prepará-los e a outros fatores relacionados com o estilo de vida atual — como a inserção da mulher no mercado de trabalho, a ausência dos pais às refeições, ou a realização destas fora do domicílio —, além do sedentarismo, têm representado risco para o desenvolvimento das doenças crônicas não transmissíveis, que também já comentamos. E, infelizmente, as crianças também estão insertas nesse contexto.

O fato é que as pesquisas confirmam que a maior influência recebida pela criança quanto a seu desenvolvimento alimentar provém da mãe em primeiro lugar, do pai em segundo e depois da escola. Agora você já sabe por que fui tão enfática desde o início do livro e tentei mexer com **seus** hábitos, antes de tudo.

Mas sua responsabilidade ainda não acabou. Ela vai muito além do que já foi explicado.

Uma característica da família moderna é a condescendência com os filhos. Os motivos para essa atitude condescendente são vários e vão desde a tentativa de poupar o filho do modelo de educação rígida e autoritária que os pais vivenciaram, passando ainda pelo sentimento de culpa pela falta de tempo de estar com o filho, bem como pela ânsia em agradá-lo para aproximar-se mais dele. Todos esses aspectos contam, mas o fato é que hoje os pais estão muito permissivos e indulgentes em relação a seus filhos — o que é realmente perigoso.

As crianças estão participando ativamente das decisões, influenciando os hábitos familiares e até mesmo gerenciando compras, inclusive as do supermercado. Esses fatos em si não têm nada de ruim se os pais agirem como árbitros nas escolhas dos filhos, mas geralmente ocorre o contrário: as crianças cada vez mais ditam as regras, ultrapassando limites que deveriam ter sido impostos pelos pais com mais convicção para o próprio bem delas. Nesse sentido, elas vêm assumindo sem querer as consequências de sua ingenuidade e ignorância, e os pais, por incrível que pareça, permitem que isso aconteça.

E como as crianças decidem o que comprar no supermercado? Por que elas escolhem um produto x ou y? Por que esgotam a paciência dos pais para que comprem determinado produto? As influências são muitas. A primeira é o contato que uma criança, ainda bebê, tem com determinado alimento, o que normalmente acontece dentro de casa. Para citar um exemplo comum: o açúcar.

Nenhuma criança nasce conhecendo sabores, pois todos eles são descobertas que ela faz, inclusive o sabor doce. Suponhamos que você tenha amamentado seu filho exclusivamente no peito até os 6 meses de idade e começou hoje a introduzir o suco de frutas na alimentação dele. Ele vai tomar o suco puro, sem adoçar, só com o sabor da fruta (pode até fazer caretas, o que é normal), vai se habituar ao sabor e gostar dele. Mas suponhamos que, ao contrário, você comece a colocar açúcar em tudo que oferece a seu filho desde o primeiro suco de frutas: ele vai se habituar ao açúcar, vai gostar do sabor adocicado e dificilmente se acostumará novamente com o sabor original dos alimentos.

Crianças não precisam conhecer açúcar e doces. Ninguém precisa desses alimentos. É completamente desnecessário incluí-los no cardápio, acredite! Não dá para sentir falta de algo que não se conhece. Para a criança, o que não se conhece é irrelevante.

Crianças não nascem achando que biscoito recheado é bom, que leite com chocolate é mais gostoso que leite puro, nem que salsicha é mais saborosa que peixe. Isso ela aprende, antes de tudo, na própria casa. Admita, você comprou e ofereceu essas coisas a seu filho. Se não foi você, foi alguém da família, ou a babá. Seu filho não tem babá? Não se esqueça daquela que tem muita influência sobre ele: a televisão.

No Brasil uma pesquisa comprovou que crianças com idade entre 4 e 11 anos assistiram, diariamente, a uma média de 4h48min de TV em 2004. Em outro estudo, um grupo de pesquisadores assistiu a 648 horas de programação da TV brasileira no período de 1998 a 2000, constatando que a categoria de propaganda veiculada com maior frequência era a de alimentos. Dentre os 1.395 anúncios de produtos alimentícios veiculados, mais da metade pertencia ao grupo de gorduras, óleos, açúcares e doces, verificando-se uma completa ausência de frutas e legumes.

Seu filho sofre a influência de uma mídia agressiva, que já há algum tempo descobriu um grupo de consumidores altamente fiéis e geradores de centenas de milhões de reais por ano para a indústria de alimentos: as crianças.

Outras pesquisas comprovaram que o hábito de ver TV tem relação direta com a incidência de sobrepeso e obesidade. Quanto mais tempo é gasto em frente à TV, ao computador ou ao *videogame*, maior é o consumo de lanches altamente calóricos e pouco nutritivos. A criança até os 8 anos de idade acredita piamente em tudo que se diz na TV.

Eu também não sabia de nada disso e levei um grande susto, porque as crianças são alvos muito fáceis para qualquer tipo de marketing. O pior: nós mesmos permitimos esse abuso contra nossos filhos, uma vez que deixamos que eles gastem horas e horas de seu dia assistindo à TV, ou lendo inúmeras propagandas das erroneamente chamadas "comidas de criança", nada saudáveis.

Pensando no que foi dito, podemos dizer que as crianças:

- sofrem influência dos hábitos familiares desde bebês;
- aprendem desde cedo a gostar de alimentos extremamente calóricos e pouco nutritivos;
- veem mais de quatro horas de TV por dia;
- são influenciadas pelas propagandas de alimentos e pelos modismos;
- influenciam (decidem) as compras de supermercado;
- comem mais guloseimas quando estão diante da TV, de jogos eletrônicos ou do computador.

Como uma criança pode comer direito se tem acesso fácil a tudo isso? Que tempo resta para atividade física, ou para tomar banhos de sol? Enfim, como evitar as doenças crônicas não transmissíveis em uma criança com esses hábitos?

Felizmente, você já aprendeu a fazer seu filho comer corretamente e limitou as guloseimas em casa instituindo o dia da guloseima. Ele já faz atividade física regular, toma banho de sol diariamente, hidrata-se bastante, tem uma postura impecável. Agora você só precisa restringir a TV, os jogos eletrônicos e o computador. Pesquisas dizem que as crianças não devem passar mais de duas horas por dia diante da TV nem ter acesso a petiscos durante esse período. No tempo que restar, agora sem a TV e tudo mais, incentive seu filho a praticar outros hábitos de lazer, como leitura, desenho, música, teatro.

É, mais uma vez vai surgir reclamação, mas você sabe que valerá a pena e será para o bem dele.

"Meu filho não come nada!"

"Minha filha não gosta de comer nada, está tão magrinha!"

"Olha só que miudinho o meu filho está! Também, ele não come nada!"

Vamos conversar um pouco sobre a criança que não quer comer.

Todos os dias, atendo a mães que se desesperam achando que seu filho não come, que está magrinho, desnutrido, anêmico etc. Dessas mães, 99,9% poderiam viver mais sossegadas e felizes se dessem menos atenção à quantidade e mais à qualidade dos alimentos que o filho ingere.

Para começar, é fato que uma criança geralmente come menos que um adulto, e também há fases na vida da criança em que seu apetite diminui. Entre 2 e 6 anos de idade, há uma redução do apetite; a partir dos 2 anos, o ritmo de crescimento da criança cai, diminuindo assim suas necessidades calóricas, o que se reflete em sua fome. Não se preocupe, ninguém em estado normal morre de inanição espontânea, nem mesmo crianças.

Uma criança magra não é sinônimo de desnutrição ou anemia. Foi-se o tempo em que criança gordinha era sinal de força e saúde. Atualmente, sabe-se que crianças fofas podem estar desnutridas e/ou anêmicas, além de serem sérias candidatas a se tornar jovens e adultos obesos.

Se você acha que seu filho está abaixo do peso ideal, procure um pediatra. Ele vai examinar, pesar e medir a criança e avaliar se seu crescimento e peso estão compatíveis com a idade, entre outras coisas. Se ele disser que está tudo bem, relaxe, acredite nele e siga essas orientações nutricionais para mantê-lo com saúde, crescendo e desenvolvendo-se como deve.

Reiterando: a primeira providência é preocupar-se mais com a qualidade dos alimentos que seu filho ingere e menos com a quantidade. Pare de oferecer comida a ele esperando que ele coma como um adulto ou uma criança maior ou um atleta ou o filho da amiga ou o irmão... Respeite o apetite de seu filho. Cada criança tem o seu.

Além disso, siga os horários que foram estabelecidos para as refeições. Eles são muito importantes, como você já deve ter percebido quando falamos a esse respeito.

Suponhamos que seu filho não queira comer em certo horário. Nesse caso, você deverá oferecer a ele o mesmo prato depois de 30 minutos. Se ele ainda não quiser, você deverá lembrá-lo de que a próxima refeição será somente duas horas e meia mais tarde e não haverá beliscadas entre as refeições. Cumpra a promessa.

Nunca, jamais, em tempo algum, substitua o que não foi comido na hora certa por sucos, leite, iogurte, frutas ou qualquer outro tipo de alimento ou bebida, muito menos guloseimas, para que ele não fique sem comer nada. Seu filho precisa aprender que no horário das refeições ele deverá comer o que está no prato e que não haverá nenhum substituto para o que não comeu. Precisa conhecer essa regra para aprender a comer as comidas certas nas horas certas. E tem mais: não deixe nenhum tipo de alimento ou bebida ao alcance dele até a próxima refeição, a fim de que esteja com fome quando chegar a hora certa. Ele comerá bem melhor na próxima refeição.

E não morrerá de fome em três horas. Dá pena, eu sei, também sou mãe, daquelas bem derretidas e corujas, mas, se é para o bem dos filhos, é preciso fazer! Seja firme!

A falta de apetite pode estar relacionada com outros fatores também:

- intervalo entre as refeições muito curto e/ou cheio de petiscos "inofensivos" — meia bolacha aqui, um gole do café do papai ali, aquela bala que veio de troco na padaria. É óbvio que assim a criança não vai comer nas horas certas porque não está com fome;

- barulho, confusão, distrações na hora de comer só funcionam nos restaurantes de *fast food*; em casa, na certa vão atrapalhar a refeição de seu filho;

- valorização da quantidade que seu filho come. Não valorize a quantidade de comida que seu filho come: se ele quiser deixar um pouco no prato, que deixe; diminua a porção da próxima vez;

- ansiedade da criança por achar que tem muita comida no prato. Monte um prato bem bonito e colorido para seu filho, de preferência um prato grande, mas com pouca comida. Isso dá a impressão de que há menos comida no prato, o que pode ajudá-lo a não se sentir angustiado com a quantidade que precisará comer;

- castigos, chantagens, promessas, recompensas em troca de prato vazio geram muita ansiedade, tensão, medo, provocam supervalorização dos prêmios e diminuem o valor da comida. Jamais utilize qualquer uma dessas armas para conseguir que seu filho raspe o prato;

- falta de contato mais íntimo com a comida. Criança tem de interagir com a comida de forma prazerosa. Deixe-a, nem que seja de vez em quando — se for pequena, é claro —, pegar a comida com as mãos, amassar, sentir a consistência, passar no cabelo e depois... comê-la;

- a mesma comida todo santo dia não é interessante para ninguém, muito menos para a criança. Varie bastante o cardápio e tente preparar uma refeição no almoço, reformulando-a no jantar, para ficar diferente também;

- talvez a comida não esteja gostosa mesmo: falta ou sobra sal, tempero, ou está quente demais, ou fria demais;

- bebidas durante as refeições. Se o estômago de criança já é pequeno por natureza, não vale a pena enchê-lo com suco ou outra bebida, pois vai faltar espaço para a comida. O estômago de seu filho é mais ou menos do tamanho da mãozinha fechada dele, ou seja, é bem pequeno. Se for servir bebidas durante as refeições, espere que ele coma boa parte da comida antes de permitir que tome água ou suco. Procure deixar os refrigerantes para o dia da guloseima ou alguma outra ocasião;

- quem sabe há dentinho novo nascendo... Isso pode doer e dificultar a mastigação dos alimentos;

- a sua ansiedade por querer que seu filho coma mais e melhor pode angustiá-lo e interferir na vontade de comer. Aprenda a ser paciente e respeite o tempo de seu filho. Ele vai acabar aprendendo com você.

Livros infantis que abordam a alimentação saudável são excelentes auxiliares para fazer seu filho comer como deve. Histórias, músicas, filmes e jogos educativos também são úteis. Você pode aproveitar mais esse momento de diversão dirigida para ficar perto do seu filho e, ao mesmo tempo, mostrar a ele que uma alimentação saudável é importante para vocês dois!

A lista de compras

Agora você aprendeu muito sobre alimentação e nutrição, sabe montar um cardápio balanceado, organizou-se e colocou todo mundo em casa para se exercitar. Ainda cortou as guloseimas de todo dia, reduziu as gorduras ruins, sabe até o que fazer com a criança que não quer comer etc. O que acha de começar a se preocupar com a lista de compras do supermercado?

Pense primeiro no cardápio da semana, você sabe como montá-lo. Calcule mais ou menos a quantidade de cada alimento de que você precisará para preparar as refeições desse período, a fim de evitar desperdícios. Coloque tudo em uma lista, considerando as seguintes observações para escolher o melhor.

Pães

Prefira os integrais, aqueles que contêm mais de 3g de fibras alimentares por porção (veja no rótulo). Você encontrará pães de diversos sabores, com vários tipos de grão, inclusive as versões *light*, o que permite variar bastante. Alguns supermercados já vendem também as versões integrais de pão francês, bisnaguinhas e pão sírio.

Bolachas e biscoitos

Escolha uma versão salgada e uma doce sem recheio, para variar. Prefira também as versões integrais e principalmente as que não tenham gordura trans na composição (leia no rótulo). Fuja das bolachas recheadas doces ou salgadas, dos *cookies* e dos amanteigados e descarte todos os biscoitos e bolachas que contenham muito açúcar e/ou muita gordura. Para saber se os biscoitos contêm ou não excesso de açúcar e/ou gordura, leia o rótulo das embalagens atentamente.

Cereais matinais

São boas opções para o café da manhã de seu filho, se você souber escolher. Se deixar a escolha por conta dele, pode estar certa de que ele vai direto àqueles mais açucarados, de sabor chocolate e com algum brinde.

Escolha preferencialmente o cereal que seja integral e fonte de fibras, com menos açúcar e gorduras. Compare os rótulos. Não se confunda procurando aqueles com mais vitaminas e minerais, pois todos os cereais matinais são acrescidos desses nutrientes. Em uma alimentação equilibrada como a que você está proporcionando a seu filho, cheia de frutas, legumes e verduras, esses nutrientes estão garantidos.

Concentre-se nas fibras, nos carboidratos, principalmente açúcar (ou sacarose, como alguns chamam o açúcar) e gorduras.

A granola é um *mix* de cereais integrais que também pode servir para variar o cardápio do café da manhã. Vem acrescida de frutas secas, castanhas, com açúcar, sem açúcar ou *light*. Prefira as versões com menos ou nenhum açúcar.

Para qualquer dessas opções, granola ou cereal matinal, fique de olho no tamanho da porção e restrinja a quantidade de acordo com a idade de seu filho (veja a tabela de porções e medidas caseiras no Anexo A).

Margarina

Prefira as versões *light*. As margarinas *light* contêm menos gordura que as normais e geralmente têm menos gorduras trans (veja no rótulo).

Qual é melhor: manteiga, margarina ou creme vegetal? Margarina *light* ou creme vegetal *light* são os melhores, como já disse antes, desde que não contenham gordura trans, mas todas elas são basicamente gorduras. A diferença é que a manteiga, antigamente conhecida como manteiga de leite, tem grande quantidade de gordura saturada, que em excesso não faz bem à saúde. As margarinas *light* e os cremes vegetais *light* têm bem menos gordura que suas versões originais e certamente muito menos gorduras saturadas que a manteiga.

Requeijão cremoso *light*

É uma opção razoável para rechear o pão no café da manhã ou para os lanches, mas sem exageros, pois contém gorduras saturadas, mesmo as versões *light*, infelizmente. Alterne-o com outras opções, como queijos brancos.

Queijos

Prefira sempre os frescos (minas frescal, ricota, *cottage*) e dê preferência aos *light* também, mas evite os cremes de queijo, mesmo os que são à base de ricota ou qualquer queijo branco, pois normalmente a quantidade de gorduras presente neles é bem maior. Veja o rótulo se tiver dúvidas. Quanto aos queijos minas padrão, mozarela, prato, provolone e outros queijos amarelos, prefira as versões *light* e não os compre toda semana. Varie bastante para não enjoar.

E por falar em queijo, existe certo produto que todo mundo acha que é queijo e consome à beça, pois combina com tudo, mas na verdade não é queijo. É um tipo de requeijão, mas seu nome famoso virou sinônimo de queijo cremoso, muito copiado por outras indústrias e muito utilizado para rechear borda de pizzas, tortas salgadas, salgados de lanchonete, além de combinar com frango e com queijos de verdade para formar recheios. Ele não é queijo, é requeijão; portanto, utilize-o como tal e não o considere queijo branco fresco.

O queijo de soja ou tofu é muito apreciado. Leve, magro e saudável, é usado em diversas preparações quentes ou frias. As principais diferenças entre esse queijo e os feitos com leite animal são: o sabor, ser menos calórico, não ter colesterol, ter menor teor de gordura e pouco cálcio.

Frios

Prefira as versões *light* de presunto e de peito de peru.
Ponha na lista do "nunca" ou "esporádicos" o salaminho, o salame, a mortadela e outros embutidos do gênero; quando for comprá-los, prefira os *light* e os fatiados bem finos.

Leite e iogurtes

Compre as versões desnatadas ou semidesnatadas e sem gordura trans e varie os sabores.

Esclarecendo uma dúvida comum: bebida láctea não é iogurte. A bebida láctea é um produto fabricado a partir da mistura de leite e soro de leite (um subproduto da fabricação de queijos), podendo ser acrescida de outros ingredientes, desde que sua base láctea seja de no mínimo 51%. Essa mistura de leite e soro de leite torna a bebida mais rala, menos cremosa que o iogurte e um pouco menos nutritiva também, podendo ou não ser fermentada por micro-organismos vivos.

Pode ainda ser acrescida de suco de frutas.

Com relação aos leites fermentados, perceba que eles vêm em embalagens de mais ou menos 80ml, e isso tem uma razão de ser. Esse alimento é considerado probiótico, suplemento alimentar composto de micro-organismos vivos que apresentam efeitos benéficos para o equilíbrio microbiano intestinal do ser humano. Trata-se de um assunto longo, mas o que é interessante saber é que eles são muito bons. Seu consumo pode ser incentivado, mas, para usufruir os benefícios dessa bebida, seu consumo deve ser regular e não mais do que uma porção por dia. Isso vale para adolescentes e adultos também.

"E quanto ao leite de soja?"

Bem, se seu objetivo é substituir o leite de vaca pelo de soja, vá em frente, principalmente porque hoje muitas marcas vêm acrescidas de cálcio, mineral que antes faltava a esse tipo de leite. Não utilize como substitutos do leite de vaca os sucos de soja (leite de soja + suco de frutas), pois, por serem muito diluídos, têm menos proteínas que o leite de vaca (e que o leite de soja).

Achocolatado

Se seu filho só toma leite se for com chocolate, fazer o quê? Ele precisa de leite. Compre o achocolatado, mas escolha aquele que você prepara em casa e não os que vêm em caixinhas e prontos para beber. Se preferir, pode comprar também chocolate em pó, mas o sabor dele é bem mais forte, portanto use menos. Experimente usar cacau em pó ou, quem sabe, misturar o achocolatado com o cacau em pó, com canela ou outras alternativas para variar o sabor do leite de todo dia.

Sucos de caixinha

Se for realmente impossível fazer suco natural de fruta todas as vezes, tenha à mão algumas alternativas, como os sucos de caixinha. De forma alguma eles substituem o suco de fruta natural feito na hora, mas podem ser uma escolha na hora do aperto ou em um passeio.

Uma das maiores desvantagens desses sucos é serem muito adocicados: levam quase o triplo de açúcar que você colocaria em um suco feito em casa. Por isso, não se recomenda a ingestão de mais de uma dessas caixinhas individuais por dia.

Existem muitos tipos de suco industrializados, mas, para escolher a melhor opção, saiba que eles podem ser classificados basicamente em três categorias: os sucos naturais, que têm quantidade de polpa de fruta ou suco concentrado acima de 50%; os sucos tipo néctar (a maioria dos sucos de caixinha se enquadra nessa categoria), que apresentam de 25% a 50% de polpa de fruta, mais água e açúcar; e os refrescos, que contêm somente 10% a 20% de polpa de fruta e muitos aditivos, como aromatizantes e corantes. É melhor escolher suco natural.

A polpa de frutas congeladas também é uma excelente opção. Você pode preparar o suco na hora de servir e acrescentar-lhe açúcar a gosto, se necessário. Essa versão de suco perde muito pouco de suas vitaminas originais (quando a extração e o congelamento são feitos corretamente). Se preferir, prepare você mesma as polpas e congele-as em casa.

Arroz

Se você está acostumada com o arroz polido, branquinho, que tal preparar algumas vezes por semana um arroz com mais nutrientes e fibras, como o integral, ou mesmo o parboilizado? A parboilização é uma técnica diferente de processamento do arroz que permite reter mais vitaminas do complexo B e óleos essenciais; porém, a quantidade desses nutrientes no arroz parboilizado ainda é menor que no alimento integral. Quanto mais beneficiado é o cereal, como o arroz branco polido, menos nutritivo ele é.

Feijão

Os feijões são muito nutritivos, ricos em fibras, proteína vegetal, vitaminas do complexo B, ferro, cálcio e outros minerais, além de carboidratos complexos. Fazem parte desse grupo todos os tipos de feijão, assim como as lentilhas, as ervilhas secas, a fava, a soja e o grão-de-bico. Ingerir diariamente uma porção dessas leguminosas é o recomendado.

Embora as leguminosas como os feijões sejam ricas em ferro, é preciso entender que, nesses alimentos, o ferro está em uma forma menos disponível ao organismo humano do que o encontrado na carne, principalmente a vermelha. Em outras palavras, o organismo humano consegue absorver muito pouco do ferro presente nos alimentos de origem vegetal. O consumo inadequado e insuficiente de ferro pode provocar anemia ferropriva (bastante comum em crianças e gestantes), uma doença perigosa e debilitante.

Para tentar aumentar a utilização biológica do ferro e outros minerais dos alimentos de origem vegetal, recomenda-se seu consumo concomitante com alimentos ricos em vitamina C, como frutas cítricas, legumes e verduras.

O nosso bom arroz com feijão representa uma mistura muito inteligente e benéfica ao organismo, principalmente nas refeições em que as carnes não estão presentes. A combinação arroz + feijão é uma fonte completa de proteínas para os seres humanos, e se for acrescida de legumes, verduras e frutas ricas em vitamina C terá aumentada sua biodisponibilidade de ferro.

Ainda sugiro um consumo, mesmo que reduzido, de carnes e vísceras, com a finalidade de garantir proteínas de boa qualidade, além de aumentar a oferta de ferro biodisponível, ou seja, possibilitar maior utilização desse mineral pelo organismo. O consumo regular de carnes e vísceras também aumenta a oferta de vitamina B12, presente somente em produtos de origem animal e cuja carência pode causar outro tipo de anemia, a perniciosa.

Carnes

Como você já deve ter percebido, incentivo o consumo regular de carnes moderadamente. Digo moderadamente quando as comparo com a quantidade que os brasileiros costumam comer, principalmente no que se refere às carnes vermelhas (churrasco) e gordas (costela, rabada, feijoada etc.). Se você notar o tamanho das porções recomendadas neste livro, perceberá que elas realmente não são grandes, mas são suficientes.

Quando preparar o cardápio da semana, planeje dois ou três dias com carne vermelha ou vísceras (fígado), dois ou três com carnes brancas (frango ou peixe, ou mesmo um dia de vísceras de frango, como coração, moela, fígado) e um ou dois dias com proteína vegetal (arroz com feijão, carne de soja, soja, cogumelos, outras combinações entre cereais e leguminosas etc.), não se esquecendo de que nesses dias deve-se incrementar o consumo de fontes de vitamina C nas refeições, para aumentar a absorção do ferro. Veja os alimentos ricos em vitamina C no Anexo F.

Prefira sempre as carnes mais magras, sem gordura aparente. Escolha as partes do frango cuja pele seja fácil de remover e retire-as antes do preparo. Opte por peixes de águas frias e/ou profundas, ricos em ômega-3, ou qualquer outro peixe de seu gosto (para grelhar, assar, cozinhar, e não fritar ou empanar), mas remova o couro antes de prepará-lo.

Ovos

Também são uma excelente opção uma ou duas vezes por semana, e para crianças em fase escolar é melhor aumentar o consumo para três vezes por semana, já que são muito bons para a aprendizagem e memorização. Mas atenção: sem frituras.

Óleos

Use óleo vegetal, sempre. Escolha óleo de soja, de canola, de girassol, de milho para cozinhar, e azeite de oliva extravirgem para as saladas e outras preparações (lembre-se de que ele não pode ser aquecido).

Risque da lista a banha de porco, a gordura vegetal hidrogenada, a manteiga. Maionese e creme de leite só de vez em quando, e sempre as versões *light*.

Sal

Compre aquele que você já está acostumada a usar. O problema com o sal é o sódio que ele contém. O sódio é um mineral essencial à nossa saúde, mas em excesso pode trazer vários problemas, como a hipertensão arterial.

O brasileiro utiliza muito mais sal do que deveria, consumindo mais sódio que o necessário. O consumo individual correto é de no máximo 5g de sal, mas o consumo diário atual é de 12g por pessoa. Para reduzi-lo, deve-se restringir o uso de alimentos embutidos, enlatados, conservas, carnes salgadas, sopas industrializadas, molhos e temperos prontos, bem como diminuir o sal acrescido ao preparo das refeições.

Um cuidado importante é retirar o saleiro da mesa, pois quando ele está à disposição exagera-se no tempero da salada. Procure servir a salada já temperada. Você pode experimentar outros temperos também, como ervas aromáticas, alho, cebola, orégano, coentro, raspas de limão, pimenta rosa etc. Para quem já está acostumado com comida mais salgadinha, no início pode ser um pouco difícil se adequar ao sabor dos alimentos menos salgados, mas ao final de três meses todos em casa já estarão acostumados (isso é estatístico). Persista em reduzir os alimentos salgados ou que contenham muito sódio. Vocês só têm a ganhar com isso.

Açúcar

Existem vários tipos diferentes de açúcar. Para citar os mais comuns encontrados nos supermercados, temos o cristal, o refinado, o de confeiteiro, o mascavo, o demerara, o orgânico, o *light* e outros menos comuns. O que os difere entre si é o refinamento, a finalidade a que se destinam e algumas características nutricionais.

No que se refere às calorias, todos os tipos de açúcar são extremamente parecidos, com exceção do açúcar *light*, que é parte açúcar e parte um tipo de adoçante que aumenta o dulçor (sabor doce do açúcar) em seiscentas vezes, economizando calorias.

O açúcar mascavo não passa por refinamento, por isso sua qualidade nutricional é maior. É menos doce que o açúcar cristal e conserva as vitaminas e os minerais perdidos no processo de beneficiamento do açúcar.

O açúcar orgânico se assemelha ao mascavo, porém o cultivo da cana que deu origem a ele foi feito sem fertilizantes ou agrotóxicos. O açúcar demerara se assemelha ao mascavo, mas é mais doce por ser desidratado.

O açúcar cristal é beneficiado, refinado, e não tem nenhum nutriente além do carboidrato simples: açúcar ou sacarose. O açúcar refinado é semelhante ao cristal, porém ainda mais refinado do que ele. O açúcar de confeiteiro é muito utilizado, como o próprio nome já diz, em produtos de confeitaria e ainda mais refinado que o açúcar refinado. Algumas indústrias acrescem a ele um pouco de amido para que os grãos não se grudem uns aos outros. Como nutriente, o açúcar de confeiteiro só tem carboidrato simples (açúcar), um pouco de carboidrato complexo (no caso daqueles que são acrescidos de amido) e nada mais além de calorias.

Uma observação: você encontra açúcar de forma muito óbvia em muitos alimentos, como nos doces, mas ele também está presente em pães salgados, molho de tomate pronto, extrato de tomate, bolachas salgadas, massas para pizza, maionese, mostarda, *ketchup*, ervilha e milho em conserva, picles e patês etc. Para saber com certeza se determinado alimento contém ou não açúcar (sacarose), leia o rótulo dos alimentos.

Café

Embora seja a bebida preferida dos brasileiros, não abuse dele. O consumo do café é bastante questionado. Muitos estudos o condenam, outros o colocam sobre um pedestal, mas é consenso que o consumo moderado (2 xícaras por dia) não faz mal a ninguém e pode trazer alguns benefícios à saúde. É sempre a mesma história: **o problema são os excessos**.

Orgânicos

Estão no auge da moda e são realmente excelentes, apesar de caros. Em algumas cidades ainda não são encontrados facilmente; em outras, já existem até supermercados especializados neles.

Os produtos orgânicos são cultivados sem agrotóxicos, fertilizantes ou substâncias químicas que aumentam o crescimento das plantas e diminuem a incidência de pragas. Obviamente, esses produtos trazem malefícios à saúde.

Outra vantagem dos orgânicos é que eles são cultivados de forma sustentável, o que é bom para o meio ambiente.

Castanhas e nozes

Ótimas opções para um lanchinho. Além de gostosas, são fonte de proteínas e ácidos graxos essenciais e de vitamina E e de selênio, ambos auxiliares no combate à formação de radicais livres, relacionados com envelhecimento precoce, câncer, doenças cardiovasculares e isquêmicas.

Mas o consumo dessas nozes e castanhas também deve ser pequeno — de uma a cinco unidades por dia — e a quantidade depende do tipo de castanha, pois são muito calóricas e oleaginosas (ricas em óleo). Você pode escolher entre castanha-do-pará, castanha de caju, amêndoa, noz-pecã, macadâmia, pistache etc. Elas vão bem na hora do lanche, acrescidas aos pães, às saladas, ao arroz, moídas e espalhados sobre torradas, em bolos e biscoitos caseiros... São muitas as opções para sua utilização e é possível variar bastante.

Alimentos funcionais

Você já deve ter ouvido falar de alimentos funcionais. Eles podem ser definidos como todo alimento ou ingrediente que, além das funções nutricionais básicas, quando consumido na dieta usual, produz efeitos metabólicos, fisiológicos e/ou benéficos à saúde; no entanto, devem ser seguros, sem que haja necessidade de supervisão médica (Portaria n. 398, de 30 de abril de 1999, Anvisa/MS). Qualquer alimento funcional comprovado pode trazer no rótulo a alegação de propriedades funcionais, mas não são permitidas alegações de saúde que façam referência à cura ou à prevenção de doenças.

Nenhum alimento sozinho faz milagres, nem mesmo os famosos funcionais. Eles devem fazer parte da alimentação, mas não podem servir para apagar da consciência de ninguém os erros e abusos alimentares cometidos.

Eu poderia escrever um livro inteiro sobre os alimentos funcionais, mas não é minha intenção fazer isso aqui e agora; já existem obras muito boas a esse respeito, cuja leitura recomendo.

Nada é mais funcional do que uma alimentação diária equilibrada, bastante variada, colorida, rica em fibras, em água e alimentos integrais, aliada também a mastigação benfeita, atividade física regular, boa postura e exposição regular ao sol. Agindo assim, você obterá o máximo de benefícios que os alimentos e hábitos saudáveis de vida podem trazer para sua saúde — na prevenção, no controle e, por que não, até na cura de doenças. Não há muito que a linhaça, o leite fermentado, o vinho, as frutas vermelhas, a soja, o azeite de oliva etc. possam fazer se sua alimentação em geral for monótona, inconstante, cheia de gorduras saturadas, gorduras trans, açúcar, sal, pouca fibra etc. Pense nisso!

Frutas, verduras e legumes

Abuse das "coisas verdes". Compre na safra porque os produtos estão mais bonitos, frescos, nutritivos e baratos. Experimente de tudo, compre o mais variado e colorido possível. E, o mais importante, não deixe tudo apodrecer na geladeira. Coma!

As feiras livres também são ótimas opções para comprar frutas e hortaliças, mas tente chegar bem cedo, para encontrar produtos mais frescos.

Procure ir ao supermercado no dia de reposição das frutas e hortaliças, com o objetivo de encontrar produtos mais frescos, bonitos e até com melhores preços.

Se é o seu marido ou outra pessoa quem faz as compras, certifique-se de que siga à risca a sua lista. Seja lá quem for que fizer as compras, que evite ir ao supermercado com o estômago vazio, para não boicotar a lista, enchendo o carrinho com bobagens. É um fato: quando compramos comida estando com fome, adquirimos mais produtos calóricos e desnecessários, que, é claro, depois de pagos terão de ser consumidos para não desperdiçar o dinheiro gasto (desculpas, desculpas e mais desculpas!).

Se seu filho vai às compras também, isso é educativo. Faça-o participar ativamente delas, ensine-lhe os nomes dos alimentos, deixe-o ajudá-la a escolher frutas, legumes e verduras. Depois permita que ele escolha algo de que goste, para o dia da guloseima. Não ceda aos choramingos, às chantagens e aos escândalos que ele possa fazer. E, caso ele não se comprometa a se comportar direito, cogite não levá-lo da próxima vez.

Já disse e repito: toda mudança, inclusive as compras de supermercado, não deve ser feita de uma só vez. Não exagere enchendo o carrinho com arroz integral, soja, tofu, quinua, linhaça, *shimeji* e leite fermentado se esse não é o hábito da sua família. Não assuste todo mundo em casa com tais radicalizações. Toda mudança deve ser gradual e apreciada.

A saúde do bolso

Sei exatamente o que você está pensando: "Já vi que essa reeducação alimentar vai me custar caro!" Engano seu, você pode até economizar um bom dinheiro no final do mês.

Você poderá economizar:

- na compra de refrigerantes e sucos, visto que água é bem mais barata, e com a reeducação vocês tomarão mais água em casa;
- com a mastigação, que, benfeita, evita excessos alimentares desnecessários para o corpo e para o bolso;
- devido à boa postura, que facilita o processo digestivo e evita problemas gástricos;
- com os banhos de sol e com as atividades físicas ao ar livre, as quais podem substituir alguns dias de academia;
- em virtude da organização, da montagem de um cardápio variado e bem porcionado, evitando desperdícios e compras desnecessárias;
- com o consumo reduzido de guloseimas que normalmente pesam no bolso;
- com a redução no consumo de óleo para o preparo das refeições;
- com o acréscimo de verduras e legumes à alimentação, em detrimento de outros alimentos mais caros;
- com a diminuição de horas de energia elétrica gastas com computador, TV e *games*;
- por adquirir saúde e disposição, economizando em consultas médicas e contas da farmácia etc.

Também há outra forma de cuidar ainda mais da saúde de seu bolso: você pode economizar aproveitando melhor aquilo que compra.

Existe uma infinidade de maneiras de fazer o que chamo de aproveitamento integral do alimento. Por exemplo: depois de comprar e comer uma melancia, você pode utilizar aquela parte branca da casca para fazer uma salada diferente, ralando-a, temperando-a e misturando-a a cenoura ralada, tomates-cereja e outros. Pode também usá-la em compotas doces, picles, sopas, cozinhar como legume etc. — é só usar a imaginação.

Brócolis, couve-flor: além de aproveitar as flores, você pode picar os talos e folhas e usá-los para enriquecer sopas, fazer risotos, bolinhos, ensopados de carne ou frango, rechear omeletes, tortas, cuscuz. Você não precisa passar a semana inteira só comendo brócolis para aproveitá-lo inteiro (flores, talos e folhas). Congele as partes em porções, já picadas e pré-preparadas a seu gosto, e utilize-as conforme sua vontade. Isso vale para praticamente todos os legumes, frutas e algumas verduras.

Com talos de couve, agrião, acelga, espinafre etc., naturais ou congelados, é possível fazer sucos, sopas, enriquecer arroz, omeletes, feijão, patês.

Com casca de mamão, melão e abacaxi você prepara sucos, geleias, gelatinas — que podem ser congeladas com um pouco de açúcar; depois é só colocar água, bater e beber.

Cascas de laranja, de banana, de limão dão ótimos doces caseiros e bolos.

Cascas de abóbora, chuchu, batata-doce, batata-inglesa ou baroa podem render farofas, recheios para tortas, bolos, omeletes, crepes, panquecas, purês, risotos...

Folhas de beterraba e de cenoura podem ser utilizadas no preparo de sopas, refogados, recheio para tortas, farofas, acrescidas ao arroz, enfim, como você preferir.

Compre frutas e hortaliças na época certa. Verifique as safras. Os vegetais vendidos logo após a safra são mais nutritivos e, pelo fato de a oferta estar maior, ficam mais baratos. Compre mais e congele, para economizar e ter várias opções o ano todo.

Congele tudo que sobrar, utilizando as técnicas certas, é claro. Se você ainda não sabe como fazer, essa é uma ótima ocasião para aprender. Existem muitos cursos *on-line*, livros e apostilas sobre esse assunto. Aproveite-os!

Se você tiver de investir na cozinha para facilitar sua vida, invista em um bom *freezer*; eles são muito úteis quando se tem pouco tempo para cozinhar e/ou quando se quer evitar desperdícios. Utilizando as técnicas certas de congelamento e descongelamento, você evita a perda de nutrientes e da qualidade dos alimentos.

As sobras de comida podem render tortas, bolinhos, risotos, pizzas, cuscuz, arroz de forno e outros pratos deliciosos e muito práticos (não confunda sobra com resto. Sobra é a comida preparada que não foi utilizada; resto é a comida porcionada que ficou no prato).

Não se esqueça também de que, para um ótimo aproveitamento integral dos alimentos, eles devem estar muito bem lavados e higienizados.

Fazendo compras criteriosas, seguindo um cardápio definido e aproveitando melhor os alimentos adquiridos, você evita desperdícios e ainda pode comprar menos e com mais qualidade e variedade. Aproveitando bem o que compra, você cuidará da saúde de sua família e de seu bolso também.

Você sabe ler o rótulo dos alimentos?

Fazer compras pode ser um desafio e tanto se você pensar a esse respeito com calma. Há muita coisa sobre os alimentos vendidos no supermercado, principalmente os industrializados, que desconhecemos. E as descobertas nem sempre são agradáveis.

Já é hábito do consumidor brasileiro verificar nos rótulos dos alimentos industrializados algumas informações que fazem parte de seu cotidiano, como a validade dos produtos, seu modo de preparo e, no caso da maioria das mulheres, a quantidade de calorias. Mas o que mais você deve pesquisar em um rótulo e por que fazê-lo?

Os rótulos não são colocados na embalagem de um alimento por aquele empresário bonzinho que faz questão de mostrar o lado bom de seu produto, nem por aquele outro malvado que só quer revelar o que lhe convém. São regulamentados e fiscalizados pela Agência Nacional de Vigilância Sanitária.

Isso é realmente excelente, sem dúvida. É um grande conforto poder contar com uma legislação que busca nos defender e garantir a qualidade dos produtos alimentícios que adquirimos. Contudo, precisamos confessar que não temos dado muita atenção a todo esse esforço, ou melhor, nem nos damos conta dele. Prejudicamos a nós mesmos por não lermos direito o rótulo que está ali para nos ajudar.

Saber traduzir o que está escrito em um rótulo de alimento industrializado é importante para entendermos exatamente o que estamos comprando. O rótulo é um meio de comunicação entre a indústria e o consumidor.

Infelizmente para o consumidor, o marketing publicitário dos produtos alimentícios tenta de todas as formas legais desviar sua atenção só para as qualidades do produto, mostrando em letras garrafais e bem destacadas aquilo que é positivo. Deixa, entretanto, em letras bem miudinhas ou camufladas em sinônimos desconhecidos da população leiga, nomes científicos, aquilo que muitas vezes adoraria esconder e não pode, entre outros truques bastante criativos que enganam qualquer consumidor desavisado (ou seja, a maioria de nós).

Os rótulos trazem uma quantidade assustadora de subterfúgios capazes de tapear qualquer um. Muitas vezes, apresentam formas diferentes de fornecer alguma informação dúbia — como o produto zero que na verdade não é zero, o rico que não é rico, mas é fonte, o natural que não é nada natural, o *diet* que não é *light*, o *light* que não é *diet*.*

---

* Alimentos *light* são assim chamados, de maneira geral, por apresentarem pelo menos 25% de redução de qualquer nutriente (como açúcar, gordura) ou de calorias. Alimentos *diet* são produtos fabricados para fins especiais, para casos em que haja necessidade de restringir — parcial ou totalmente — certos tipos de nutrientes para manter a saúde; sua utilização deve ser prescrita por profissional habilitado.

Dicas de ouro

Além do que você leu até aqui e do que já sabe, tenho ainda algumas dicas para melhorar a alimentação de seu filho:

- Fique tranquila se hoje ele não comeu como deveria. Concentre-se em fazer um balanço do que ele comeu durante a semana. Pode ser que a alimentação dele tenha tido altos e baixos, bons e maus momentos, mas se o balanço de como ele se alimentou durante uma semana foi positivo, comemore. Fique feliz, sinta-se realizada, pois sua missão foi cumprida com louvor. Se o balanço foi negativo, não desanime: a próxima semana será melhor.

- Não valorize o prato vazio. Se seu filho não quiser comer tudo, deixe sobrar comida no prato dele, sem caras feias ou de contrariedade da sua parte. Deixe que ele se sinta livre, sem pressões, e na próxima refeição porcione menos. Se então ele não ficar satisfeito e achar que a quantidade que você colocou não saciou sua fome, ofereça-lhe mais, mas coloque uma porção menor ainda que a anterior.

- A insistência por um prato vazio — mesmo que utilizando técnicas indutivas, como dar comida na boca da criança, distraí-la contando histórias ou utilizar barganha, promessas, ameaças, castigos, comparações com outras crianças — gera muita ansiedade e frustrações que repercutirão negativamente na relação que seu filho tem com o ato de se alimentar. Tal atitude pode desencadear sobrealimentação — a criança passa a comer demais, inicialmente para deixar todos felizes e depois por não conseguir se controlar — e obesidade; ou subalimentação — a criança come muito pouco por encarar as refeições como algo ruim, que violenta sua vontade e seus limites. Saiba que ambas as situações são muito sérias e difíceis de corrigir.

- Crianças não devem fazer dieta para emagrecer, somente em casos extremos e sempre sob orientação médica e nutricional.

- Não caia nas bobagens sensacionalistas de algumas reportagens e notícias que se veem ou leem por aí. Alimentação correta é sinônimo de equilíbrio e variedade. Não pense em restringir a alimentação a pretensos e monótonos alimentos considerados os suprassumos da boa saúde, que até podem ser excelentes se incluídos em uma dieta alimentar equilibrada, variada, mas sozinhos pouco podem fazer.

- Os sucos são boas opções para incentivar o consumo de frutas, mas cuidado com a quantidade. Sucos açucarados várias vezes ao dia podem impedir que seu filho se alimente corretamente ou levá-lo a trocar as refeições pelos sucos. Limite a quantidade.

- Nas festas, desde que sejam esporádicas, libere seu filho para comer e beber o que quiser. Afinal, que chata você seria se tivesse de levar de casa uma marmita com sanduíches, legumes, frutas e sucos naturais para uma festinha. Nessas ocasiões, você pode usar o truque de preparar para seu filho, ainda em casa, um supersanduíche saudável e nutritivo com um copo de suco natural e bolo caseiro servindo-os 30 minutos antes de vocês saírem para a festa. Na festinha, ele se divertirá como todas as crianças, mas comerá bem menos bobagens do que comeria se estivesse com fome. Ninguém perceberá, nem mesmo ele, e você poderá relaxar e aproveitar.

- Nos passeios, sempre há o risco de contaminação microbiana de alimentos em lanchonetes, botecos e barraquinhas. Seria prudente, portanto, levar de casa alguma coisa de que todos gostem e que não seja perecível, como sucos de caixinha, maçãs, bolachas sem recheio, bolo, coisas assim. Mas se seu filho pedir pipoca, algodão-doce ou sorvete, relaxe e atenda ao pedido dele, desde que esses passeios não sejam diários.

- Se seu filho se comporta mal à mesa, senta-se com os pés em cima da cadeira, pega a comida com as mãos, mastiga de boca aberta, arrota ou solta pum e acha tudo isso muito engraçado, experimente um dia, de surpresa, imitá-lo. Calmamente, sem nem mesmo olhar para ele, sente-se na cadeira dando um jeitinho de colocar os pés nela, pegue a comida da travessa com a mão, mastigue com a boca aberta, fale com a boca cheia, brinque com a comida no prato, derrube suco na mesa e por fim arrote bem pertinho do nariz dele... Ele ficará com nojo de você. Peça, então, que ele mostre o que você fez de errado à mesa. Explique que é isso que as pessoas de quem ele espera aprovação (cite nomes se necessário), incluindo você, o veem fazer todos os dias, que é horrível de ver, nojento e muito mal-educado. Essa técnica do espelho muitas vezes é útil para que ele visualize certas atitudes erradas que talvez não consiga perceber somente com palavras. Essa técnica deve ser utilizada com calma, premeditada e didaticamente, sem raiva, gestos bruscos ou risadas. Tente ensiná-lo e não criticá-lo — e muito menos diverti-lo.

❧ Deixe seu filho escolher o cardápio de uma refeição de vez em quando. Você delimita as opções para ele, que pode escolher, por exemplo, entre arroz ou purê de batata para o jantar, entre frango assado ou ensopado para o almoço de domingo, entre pizza caseira ou macarronada na noite de sexta-feira. Fazendo assim, seu filho se sentirá importante por ter sua escolha acatada pela mãe, se relacionará melhor com os alimentos e com a comida, pois foi ele quem os escolheu, e pode se tornar seu braço direito na reeducação alimentar da família toda.Um dia desses, eu estava atrasada para preparar o jantar e minha empregada, querendo ajudar, deixou sobre a bancada perto do fogão uma porção de batata-inglesa cortada em palitos, prontinhas para ser fritas. Quando cheguei, meus filhos já tinham visto as batatas (coisa que nunca faço em casa são frituras, uma vez que já comemos na casa dos outros e em restaurantes, às vezes). Então, juntei toda minha coragem, resignação e meu sorriso mais encantador e propus: "Vocês querem batata frita ou purê de batata para o jantar?" Devo acrescentar que para dizer "batata frita" minha voz desceu meio tom e levantei as sobrancelhas com cara de deboche, e, ao dizer "purê de batata", quase cantei. Imagine qual não foi minha surpresa quando meus dois lindos filhos responderam em uníssono: "Purê de batata!" Foi lindo! E eles adoraram participar da escolha do cardápio do jantar.

❧ Por que em comemorações sempre há muita comida? E, quase sempre, comida cheia de gordura? Sugiro que você lance uma moda diferente, porque essa aí já está muito gasta. Pegue o dinheiro da comilança e vá comemorar fazendo compras, indo ao cinema, ao teatro, ao cabeleireiro, passeie no parque, vá ao clube, àquela loja de brinquedos com seu filho; dá até para juntar um pouco e fazer uma viagenzinha no final de semana. Há uma infinidade de maneiras deliciosas de comemorar algo sem envolver comida. Invente a sua.

❧ Quer ver seu filho preferir uma fruta a um biscoito recheado? Mantenha o biscoito longe dos olhos dele. É muita tentação para uma criança ter essas comidas à vista. É crueldade com seu filho ter essas guloseimas em casa e dizer que ele não pode comê-las. O que está longe dos olhos também fica mais longe do coração. E não vale guardar os biscoitos naquela gaveta que todo mundo sabe que está cheia de doces. Se ele sabe que existe essa gaveta, vai querer o que está dentro dela, e você terá que se esforçar em triplo para contê-lo. É mais trabalho para você e mais sofrimento para ele. E tem mais: se não houver guloseimas em casa, você não vai precisar mentir a seu filho ao dizer que não tem, que acabou, ou que depois compra mais. Não ter guloseimas em casa é ganhar mais pontos na escala de sucesso da reeducação alimentar.

- Valorize o simples: arroz com feijão; frutas da época; leite puro (sem acrescentar complementos açucarados ou farinhas); pipoca feita em casa, na panela; água; banhos de sol; brincadeiras sem brinquedos eletrônicos; feiras livres; hortinha caseira; legumes cozidos; queijo quente; alimentos comuns de sua região; temperos da vovó (alho, cebola, salsa, cebolinha, sal); conversas, histórias e risadas ao redor da mesa etc. O que é simples está na moda, até mesmo nos grandes restaurantes dirigidos por *chefs* famosos. Já vi prato de rodelas de abobrinha servidas com um molho de nome engraçado ser vendido com a mesma facilidade e por um preço cinco vezes maior que um rodízio de carnes completo, daqueles com faisão no espeto e tudo mais. Além de estar na moda, a simplicidade da alimentação e dos hábitos está sendo redescoberta como o caminho mais fácil e eficaz para manter ou recuperar a saúde. Falaremos mais sobre esse assunto em outra oportunidade.

Boicotes

Você já começou uma dieta para emagrecer?

Já percebeu que, no momento em que decide fechar a boca para os doces e outras guloseimas que você adora, começam a aparecer convites para festas, aniversários, formaturas, reunião de amigos da faculdade, coisas que 5 minutos antes de sua decisão estavam longe de sua agenda de compromissos? Já percebeu que há mais de um ano você não era convidada para nada? E agora, como um mau agouro, começa a chover na sua horta sequinha e você é obrigada a, angustiosamente, burlar as promessas que acabou de fazer, rendendo-se ao mal, e, desgraçadamente, é forçada a se prometer (para não pesar mais na consciência do que já está pesando) a recomeçar a dieta assim que a festa, reunião, ou aniversário acabar?

Você conta para seu marido que começou a fazer dieta, ele lhe parabeniza, diz que dá a maior força, está do seu lado etc. Mas o pão-duro que nunca deixava você pedir uma mísera sobremesa no restaurante aparece em casa com uma torta de limão com suspiro que, por um mero acaso, ele diz ter comprado para você quando passou na padaria para comprar pão — o que ele jamais se deu ao trabalho de fazer antes.

Ele diz que viu a torta e achou que você ficaria feliz com o presente, sorri achando-se o máximo e a convida para comerem um pedaço. Você ainda tem de sorrir, agradecer, parecer feliz para não magoá-lo e, também, de... comê-la. E comer não só um pedaço pois, como ele trouxe a torta inteira e só você gosta daquela torta em casa, você precisa se virar para dar cabo dela sozinha. Ao final da tarde, naquele mesmo dia, ainda terá de ir tomar sorvete com ele e as crianças, pois ele prometeu a elas que as levaria e você iria junto (nunca aconteceu antes). Passeio em família, uma graça! Desanimada, você abandona a dieta.

A partir daí, como que por encanto, somem as tortas de limão com suspiro, os sorvetes, os convites para passear com a família e o sorriso.

Haja força de vontade e jogo de cintura para não se indispor com todo mundo e evitar um cataclismo familiar e social quando se inicia uma dieta para emagrecer.

A mesma coisa vai acontecer quando você começar a colocar em prática seu plano de transformar a alimentação de sua família.

Vai aparecer de tudo. Festas, churrascos, feijoadas. Toda visita que chegar em sua casa levará bombons para você e balas para as crianças.

Quando você, por acaso, mencionar a alguém sobre as mudanças que está fazendo em casa, aparecerá muita gente falando mal pelas costas, mas também quem lhe conte tudo que estão falando de você. Haverá pessoas morrendo de dó de seu filho e de seu marido, algumas vão achá-la ridícula e outras olharão com falsa complacência. Alguns não acreditarão, outros vão testá-la, alguns dirão que você não é capaz e outros vão magoá-la.

Haverá muito choro — seu e de seu filho —, protestos, birras, chantagens. Você se sentirá péssima, achando que não consegue, e ainda fraca e impotente, humilhada às vezes... Vai acontecer de tudo para fazê-la desistir antes, durante e depois de começar de fato o plano de reeducação alimentar de sua família.

E o que você fará? Vale a pena desistir?

Será que qualquer uma dessas pessoas, incluindo você, que boicota o que se está tentando fazer para salvar a saúde e a vida da sua família, aguentará o peso das consequências de sua desistência?

Infelizmente, esse peso só cairá sobre os seus ombros. Ninguém vai assumir essa responsabilidade por você.

A ciência para mudar os hábitos alimentares de sua família você já adquiriu. A oportunidade de mudar é agora. E, a partir desse agora, a mudança é uma questão de escolha. Sua escolha.

Nem uma única vez mencionei que seria fácil. Possível, sim; viável, também, mas não fácil. Os hábitos não se formam da noite para o dia, as mudanças e adaptações também não. E qualquer mudança necessita de tempo, dedicação e perseverança.

Há muito tempo, quando ainda era adolescente, ouvi uma frase que nunca esqueci. Ela norteia muitas de minhas decisões e talvez agora ajude você a tomar as suas: "Tenho medo da graça que passa e não volta mais".

O poder da escolha certamente é uma graça, bem como a oportunidade. A saúde e a vida da sua família também são graças. Mas se elas passarem... pode ser que não voltem nunca mais. Pense nisso!

A Terra Prometida

Parte IV

... E, aos campeões, a glória!

Meus sinceros parabéns!

Ao final de todo trabalho, nada melhor do que festejar.

Você chegou até aqui. Comemore!

Já fez suas escolhas. Celebre também!

Preciso lembrá-la, entretanto, de que o trabalho ainda não acabou. Desculpe-me.

A vida continua e, enquanto houver vida, seu trabalho prossegue. Ele não tem fim. Reeducação alimentar é para a vida toda e não só para um período e pronto, missão cumprida. Comemore intensamente cada uma de suas vitórias, por menores que sejam. A comemoração traz o entusiasmo, o entusiasmo gera a perseverança e a perseverança leva ao sucesso.

As mudanças de conceito e de atitude diante dos alimentos e da alimentação saudável ocorrerão gradativamente. Quaisquer mudanças levam algum tempo, para alguns mais que para outros. Mas, havendo persistência e perseverança, **sempre** acabam acontecendo, a não ser que você desista no meio do caminho.

Receitinhas de comida de criança

Parte V

Café da manhã

Farofa de linhaça

100g de sementes de linhaça escura ou dourada
50g de sementes de gergelim com casca
7 castanhas-do-pará
1 pitada de sal

Distribuir em uma assadeira as sementes de linhaça e gergelim inteiras e levá-las ao forno até que estejam torradas. Enquanto as sementes esfriam, bater as castanhas no liquidificador até triturá-las. Colocar aos poucos as sementes torradas no liquidificador e pulsar. Misturar tudo e acrescentar uma pitada de sal.

Guardar na geladeira em recipiente escuro e tampado por até três dias.
Pode ser usada sobre torradas, frutas, em bolos, pães, panquecas, omeletes, iogurtes, leite ou coalhada.

Sugestão: Vitamina de mamão e banana com torrada de pão integral com margarina *light* e farofa de linhaça.

rendimento **5** porções

Frapê de mamão

¾ de xícara de chá de leite semidesnatado
  gelado
6 biscoitos doces tipo rosquinha sabor baunilha
1 fatia de mamão formosa
1 colher de chá de açúcar

Bater todos os ingredientes no liquidificador e beber em seguida.

rendimento 1 porção

Esta bebida equivale a um café da manhã completo.

Bolo Dois

2 ovos inteiros
2 colheres de chá de margarina *light* com sal
2 xícaras de chá de leite semidesnatado
2 xícaras de chá de açúcar
2 xícaras de chá de farinha de trigo
2 colheres de café de fermento em pó
essência de baunilha a gosto

Bater no liquidificador os ovos, a margarina, o leite e o açúcar até ficar bem homogêneo. Acrescentar a farinha de trigo aos poucos até formar uma massa cremosa. Por último, adicionar o fermento e a essência de baunilha, batendo por mais 10 segundos. Despejar a massa em forma untada e enfarinhada e assar em forno médio preaquecido por 40 minutos — ou até que ao espetar o bolo com um palito de dentes este saia limpo.

rendimento +de 10 porções

Sugestão: Servir uma fatia média do bolo com uma gostosa vitamina de salada de frutas.

Mingau com fruta

1 xícara de chá de leite semidesnatado
2 colheres de sopa de farinha de aveia
½ banana-nanica em rodelas
1 colher de sopa de açúcar
canela em pó a gosto

Misturar o leite e a farinha de aveia e levar ao fogo brando. Mexer com uma colher para não grudar no fundo da panela. Após levantar fervura, baixar o fogo, acrescentar o açúcar e mexer por mais um minuto. Para servir, espalhar sobre o mingau as rodelas de banana e polvilhar canela em pó. Servir morno.

Esta receita equivale a um café da manhã completo.

rendimento **1** porção

Leite cremoso

1 xícara de chá de leite semidesnatado quente
2 colheres de sopa de chocolate em pó
2 colheres de sopa de abacate maduro

Bater tudo no liquidificador e servir morno.

Esta receita equivale a um café da manhã completo.

rendimento **1** porção

Coquetel da manhã

1 fatia de abacaxi
½ banana
½ xícara de chá de iogurte natural desnatado
½ xícara de chá de leite de coco *light*
2 damascos secos

Bater tudo no liquidificador e servir frio ou gelado. O ideal é não coar o suco, para preservar boa parte das fibras das frutas.

rendimento **1** porção

Sugestão: Servir este coquetel acompanhado de 2 bolachas tipo maria.

Suco de melão com laranja

½ xícara de chá de água
1 laranja espremida
1 fatia de melão
1 colher de sopa de mel

Bater tudo no liquidificador. Servir frio ou gelado. O ideal é não coar o suco, para preservar boa parte das fibras da fruta.

rendimento **1** copo

Sugestão: Suco de melão com laranja com um pão francês e uma fatia de queijo fresco.

Suco de milho

5 colheres de sopa de milho verde cru
2 colheres de sopa de açúcar
1 copo de leite semidesnatado

Bater todos os ingredientes no liquidificador.
Servir gelado. O ideal é não coar o suco, para
preservar uma parte das fibras do milho.

Sugestão: Servir este suco acompanhado de frutas cortadas em tiras.

rendimento **1** porção

Vitamina de maçã

¾ de xícara de chá de leite semidesnatado
1 maçã pequena com casca
1 colher de sopa de açúcar

Bater no liquidificador o leite, a maçã e o açúcar. Servir gelado. O ideal é servir a vitamina
sem coar, para preservar boa parte das fibras da
fruta.

Sugestão: Vitamina de maçã com duas bisnaguinhas recheadas com creme vegetal *light*.

rendimento **1** porção

Sucrilho caseiro

6 colheres de sopa de farinha de milho
6 colheres de sopa de água
2 colheres de sopa de açúcar mascavo

Misturar a farinha com a água e deixar incorporar bem por alguns minutos. Misturar a essa massa o açúcar mascavo e abri-la em uma assadeira de forma que fique bem fininha. Levar ao forno até secar a massa.

rendimento 2 porções

Sugestão: Servir 2 colheres de sopa deste sucrilho com 1 xícara de chá de frutas picadas e ½ xícara de chá de leite.

Cereal matinal

2 colheres de sopa de fibra de trigo
1 colher de sopa de aveia em flocos
1 colher de sopa de uvas-passas sem sementes
1 castanha-do-pará picada
1 colher de sopa de maçã desidratada esmigalhada
2 damascos secos picados
1 colher de sobremesa de açúcar mascavo

Misturar tudo e servir.

rendimento 1 porção

Sugestão: Servir com leite semidesnatado frio ou gelado.

Lanches

(para a escola ou em casa)

Bolo de chocolate cremoso

2 ovos inteiros
2 colheres de chá de margarina *light* com sal
2 e ½ xícaras de chá de leite semidesnatado
3 xícaras de chá de açúcar mascavo
1 xícara de chá de chocolate em pó
3 xícaras de chá de espinafre e cenoura crus e picados
2 xícaras de farinha de trigo
2 colheres de chá de fermento em pó
essência de baunilha a gosto

Bater os ovos, a margarina, o leite, o açúcar, o chocolate em pó, a cenoura e o espinafre no liquidificador até ficar homogêneo. Acrescentar a farinha de trigo e bater até formar um creme. Juntar à mistura o fermento em pó e a essência de baunilha e bater tudo por mais 10 segundos. Despejar a massa em uma forma untada e enfarinhada com açúcar mascavo e levá-la ao forno preaquecido por 40 minutos – ou até que ao espetar o bolo com um palito de dentes este saia limpo.

rendimento +de10 porções

Sopa de frutas

½ xícara de chá de salada de frutas
1 pote de iogurte de pêssego (ou qualquer outro sabor)
3 bolachas doces picadas em pedaços pequenos

Misturar o iogurte à salada de frutas e polvilhar com as bolachas picadinhas.

rendimento 1 porção

Este prato também serve como um café da manhã completo.

Frutas com queijo

1 fatia de mamão formosa em cubos
1 fatia de queijo minas padrão em cubos

Misturar os ingredientes e servir.

rendimento 1 porção

Salada refrescante

1 fatia de melão em cubos
7 tomates *sweetgrape*
1 fatia grossa de carne cozida de peru em cubos

Misturar os ingredientes e servir.

rendimento 1 porção

Bolo de beterraba

4 ovos inteiros
1 colher de café de sal
1 xícara de chá de óleo de girassol
2 xícaras de chá de açúcar
2 xícaras de chá de beterraba crua picada
2 xícaras de chá de farinha de trigo
2 colheres de sopa de fermento em pó
essência de baunilha a gosto

Bater no liquidificador os ovos, o óleo, o açúcar, o sal e a beterraba até obter uma massa bem homogênea. Acrescentar a farinha peneirada e bater até formar uma massa cremosa de cor viva. Juntar à mistura o fermento e a essência de baunilha e bater tudo por mais 10 segundos. Colocar a massa em uma forma untada e enfarinhada e levar ao forno médio preaquecido por 40 minutos – ou até que ao espetar o bolo com um palito de dentes este saia limpo.

rendimento
+ de 10 porções

Milho cozido

1 espiga de milho verde
1 colher de chá de sal
3 colheres de chá de água

Embrulhar o milho em filme de PVC. Levá-lo em um prato ao forno de micro-ondas por 8 a 10 minutos na potência alta. Remover o filme, pincelar a mistura de água com sal por toda a espiga e servir.

rendimento
1 porção

Saladinha

2 fatias finas de abacaxi picadas
1 colher de sopa de presunto magro
   cortado em cubinhos
1 colher de sopa de feijão cozido ao
   dente e temperado

Misturar tudo e servir com molho de limão e azeite.

rendimento
1
porção

Mix de castanhas

2 castanhas de caju
1 castanha-do-pará
2 metades de nozes-pecãs
1 damasco seco picado em quatro
1 colher de sopa de uvas-passas sem semente

Misturar tudo e colocar dentro de um cone de guardanapo colorido.

rendimento
1
porção

Torradinhas com patê

8 torradinhas tipo aperitivo
1 fatia de ricota fresca
1 colher de sopa de legumes crus
 variados triturados
1 colher de chá de azeite de oliva
 extravirgem
sal e alho triturado frito a gosto

Amassar a ricota com um garfo e misturar os legumes triturados, o azeite, o alho e o sal.

Servir sobre as torradinhas.

rendimento
1 porção

Espetinhos de fruta

1 xícara de chá de frutas (manga, mamão,
 morango e quiuí) cortadas em cubos
1 pote de queijo *petit-suisse* de morango

Espetar as frutas em palitos de dentes, interca-lando-as. Colocar o queijo *petit-suisse* em uma tigela pequena.

Servir os espetinhos com o molho.

rendimento
1 porção

Takoyakids

4 ovos inteiros
½ xícara de chá de purê de berinjela, chuchu e cenoura
½ xícara de chá de farinha de trigo
1 colher de café rasa de sal
1 colher de chá de fermento em pó

Misturar bem todos os ingredientes com um garfo até formar uma massa. Colocar às colheradas em uma chapa para *takoyaki* (iguaria japonesa) preaquecida na chama do fogão. Deixar cada bolinho assar na chapa por um minuto e virá-los com dois palitos de madeira para churrasco, deixando por mais um minuto. Retirar e servir quente ou frio.

Observação: As chapas para *takoyaki*, encontradas em lojas de produtos orientais, são excelentes para preparar qualquer tipo de bolinho sem necessidade de óleo, frituras ou forno. Vale a pena adquirir uma dessas.

rendimento 24 unidades

Porção por pessoa: 6 unidades.

Bolinho de legumes

3 ovos inteiros
1 xícara de chá de purê de couve-flor e abóbora
4 colheres de sopa de farinha de trigo
2 colheres de sopa de farinha de aveia integral
½ colher de chá de sal
1 colher de chá de fermento em pó

Misturar todos os ingredientes até incorporá-los bem. Em seguida, colocar a massa na chapa para *takoyaki* preaquecida na chama do fogão ou em forminhas individuais untadas e enfarinhadas em forno preaquecido por 30 minutos.

rendimento 20 unidades

Porção por pessoa: 5 unidades.

Takoyakids surpresa

3 ovos inteiros
½ xícara de chá de água
1 xícara de chá de legumes crus triturados
4 colheres de sopa de farinha de trigo integral
2 colheres de sopa de farinha de aveia integral
50g de queijo parmesão ralado
1 colher de chá rasa de sal
1 colher de chá de fermento em pó

Misturar tudo com um garfo. Colocar a massa na chapa para *takoyaki* ou em formas para empada, untadas e enfarinhadas. Na chapa, vire os bolinhos após um minuto e asse do outro lado por mais um minuto. No forno, asse-os por 30 minutos, em formas individuais untadas e enfarinhadas com farinha de trigo integral.

rendimento 40 unidades

Porção por pessoa: 6 unidades.

Melão com gelatina

1 melão inteiro
1 caixa de gelatina em pó sabor morango

Abrir o melão ao meio e retirar as sementes. Preparar a gelatina, dissolvendo o pó em 100ml de água fervente. Depois, acrescentar mais 100ml de água fria. Rechear as metades do melão com a gelatina preparada e levar à geladeira até endurecer. Quando estiver pronta, fatiar o melão com cuidado e servir.

rendimento 40 porções

Porção por pessoa: 8 unidades

Wrap

1 pão sírio
2 colheres de sopa de requeijão *light*
1 colher de sopa de cenoura ralada
2 folhas de alface
6 rodelas finas de tomate
1 fatia de presunto magro

Abrir o pão ao meio com a faca. Após passar em cada metade 1 colher de requeijão cremoso, colocar ½ colher de cenoura ralada, 1 folha de alface, 3 rodelas de tomate e, por fim, ½ fatia de presunto. Enrolar cuidadosamente cada metade do pão como se fosse um rocambole e servir.

rendimento
2
porções

Enroladinho de presunto

1 fatia de presunto magro
½ pepino japonês cortado em palitos
molho de mostarda *light*

Cortar o presunto em quatro partes. Pincelar o molho de mostarda em cada parte, enrolando-as em um palito de pepino.

rendimento
1
porção

Pipoca na panela

1 colher de sopa de óleo de milho
1 colher de chá de sal
4 colheres de sopa de milho para pipoca

Colocar, em uma panela própria para pipoca ou qualquer panela de alumínio com tampa, todos os ingredientes. Mexer continuamente para aquecer os grãos por igual. Depois de estourada a pipoca, é só servir.

rendimento
3
porções

Legumes com queijo

1 xícara de chá de legumes variados em rodelas
1 fatia de queijo minas frescal *light*
sal a gosto

Recortar as rodelas de legumes com cortadores de biscoitos ou com uma faca e arrumá-las em um prato. Salpicar um pouco de sal e levá-las ao micro-ondas por 2 minutos. Cortar o queijo com os cortadores de biscoito e servir tudo bem arrumado e acompanhado de um molho de sua preferência.

rendimento
1
porção

Suco calmante

1 fatia de abacaxi com casca
2 ramos de capim-cidreira ou erva-cidreira
fresca ou 2 colheres de sopa do capim ou
erva seca
suco de ½ limão
2 colheres de sopa de açúcar
1 copo de água fria ou gelada

Bater tudo no liquidificador. Coar e servir gelado.

rendimento
1 copo

Pink lemonade

1 limão espremido
1 copo de água fria ou gelada
2 colheres de sopa de açúcar
1 colher de café de xarope de groselha

Misturar tudo e servir gelado.

rendimento
1 copo

Almoço ou jantar

Quibe escondido recheado

1 xícara de chá de trigo para quibe
1 xícara de chá de carne moída
1 xícara de chá de legumes crus triturados
   (cenoura, abobrinha, beterraba etc.)
3 dentes de alho amassados
1 cebola pequena ralada
1 colher de chá de sal
cheiro-verde e folhas de hortelã picados a gosto
5 colheres de sopa de farinha de trigo
1 xícara de chá de tomates picados, sem pele
   e sementes
1 xícara de chá de queijo mozarela e carne
   cozida de peru em cubos

Deixar o trigo de molho em 3 xícaras de água por, pelo menos, 2 horas. Escorrer bem. Misturar ao trigo a carne, os legumes, o alho, a cebola, o sal, o cheiro-verde e a hortelã. Acrescentar a farinha de trigo aos poucos até dar liga. Colocar metade da massa em uma assadeira untada. Misturar o tomate, o queijo e o peru e colocá-los sobre a massa da assadeira. Cobrir com o restante da massa. Levar ao forno médio preaquecido por 50 minutos.

Sugestão: Servir acompanhado de arroz branco e salada de folhas.

rendimento
6
porções

Molho à bolonhesa vegetariano

1 receita de molho ao sugo (veja a receita abaixo)

1 xícara de chá de proteína texturizada de soja (carne de soja) em flocos pequenos

1 colher de sopa de tempero em pó *light* sabor carne

2 xícaras de chá de água quente

Dissolver o tempero em pó na água quente. Acrescentar a esse caldo a carne de soja e deixar hidratar por 15 minutos. Escorrer o caldo excedente e espremer a carne de soja para retirar o excesso de água. Acrescentar a carne ao molho preparado e servir com a massa de sua preferência.

rendimento
4
porções

Sugestão: Servir macarrão tipo gravatinha ao molho bolonhesa vegetariano acompanhado de salada temperada com limão e uma fruta de sobremesa.

Molho rico ao sugo

1 colher de sopa de óleo de girassol

1 dente de alho amassado

2 colheres de sopa de cebola ralada

½ xícara de chá de extrato de tomate

½ xícara de chá de purê de couve-flor

1 e ½ xícara de chá de água

sal a gosto

1 pitada de açúcar

Refogar o alho e a cebola no óleo. Acrescentar os demais ingredientes e deixar cozinhar até reduzir de volume.

rendimento
4
porções

Galinhada

1 colher de sopa de óleo de soja
2 dentes de alho amassados
1 cebola média ralada
1 xícara de chá de peito de frango desossado
  picado
1 xícara de chá de purê de abóbora
½ xícara de chá de milho cozido
1 xícara de chá de arroz parboilizado
sal e cheiro-verde a gosto

Refogar o alho e a cebola no óleo. Acrescentar
o frango e o sal. Refogar o frango até estar cora-
do. Acrescentar o arroz, o purê, o cheiro-verde
e 4 xícaras de chá de água. Acertar os temperos
e deixar cozinhar em fogo baixo em panela semitampada até que a água seque.

Sugestão: Servir com vinagrete de tomate e cebola.

rendimento **4** porções

Panquelete

1 ovo inteiro
1 colher de sopa de espinafre cru picado
1 colher de sopa de cenoura ralada
½ colher de sopa de cebola ralada
½ colher de café de sal
1 colher de chá de fermento em pó
3 colheres de sopa de farinha de trigo ou o suficiente para dar consistência cremosa a massa

Bater o ovo com um garfo. Misturar o espinafre, a cenoura, a cebola, a farinha, o fermento e
o sal. Aquecer uma frigideira antiaderente. Colocar a mistura, baixar o fogo e deixar cozinhar
por um minuto. Com a ajuda de uma espátula,
virar a panquelete e deixar por mais um minuto.

Sugestão: Servir acompanhada de arroz, feijão e tomates.

rendimento **1** porção

Hambúrguer de atum

1 lata de atum ralado *light* drenado
1 ovo inteiro
1 gema crua
1 cebola pequena ralada
1 dente de alho espremido
1 colher de chá cheia de sal
cheiro-verde a gosto
½ xícara de chá de farinha de trigo integral
½ xícara de chá de farinha de trigo
½ xícara de chá de farinha de aveia

Misturar todos os ingredientes. Dividir a massa em seis porções. Modelar os hambúrgueres e arrumá-los em uma assadeira forrada com papel-alumínio. Pincelar cada hambúrguer com a gema. Assar em forno médio preaquecido por 40 minutos. Virar os hambúrgueres na metade do tempo, pincelar com a gema e voltar ao forno ou grelhá-los em frigideira ou grelha.

rendimento 6 porções

Sugestão: Servir com risoto de legumes e salada de pepino e alface crespa.

Batata assada recheada

1 batata-inglesa média
1 colher de sopa de requeijão *light*
1 colher de chá de queijo meia cura ralado
cheiro-verde a gosto

Fazer furos na batata crua com um garfo. Levá-la em um prato ao forno de micro-ondas na potência alta por 8 minutos. Retirá-la do forno e fazer dois cortes de profundidade média, formando uma cruz. Colocar o requeijão e polvilhar com queijo ralado e cheiro-verde. Servir em seguida.

rendimento 1 porção

Sugestão: Servir este prato acompanhado de salada quente ou fria.

Arroz Princesa Bia

2 colheres de sopa de óleo de canola
1 dente de alho amassado
2 colheres de sopa de cebola picada
1 xícara de chá de carne de vaca de primeira
  magra picada
1 e ½ colher de chá de sal
1 xícara de chá de legumes crus variados
  em cubos (cenoura, vagem, alho-poró,
  ervilhas etc.)
1 xícara de chá de arroz parboilizado
1 colher de chá de açafrão em pó
cheiro-verde a gosto

Refogar o alho e a cebola no óleo. Acrescentar
a carne picada, temperar com o sal e deixar
dourar. Misturar à carne os legumes, o arroz, o
açafrão e o cheiro-verde. Acrescentar 2 e ½ xícaras de chá de água, acertar o sal, se necessário, e deixar cozinhar em fogo brando com a
panela semitampada até que a água seque.

Servir este prato acompanhado de salada verde.

rendimento **5** porções

Ninho de passarinho

1 xícara de chá de espaguete cozido em água
  e sal
2 colheres de sopa de cenoura e vagem
  picadas cozidas no vapor
2 colheres de sopa de ervilhas frescas cozidas
3 ovinhos de codorna cozidos

Temperar os legumes com azeite, sal e alho frito e fazer com eles um ninho sobre o macarrão. Colocar os ovos cozidos sobre o ninho.

rendimento **1** porção

Feijão King Kong

2 colheres de sopa de óleo de canola
1 dente de alho amassado
1 cebola pequena picada
1 xícara de chá de linguiça de frango picada
1 xícara de chá de carne moída
1 colher de chá de sal
½ xícara de chá de cenouras em rodelas
   cozidas no vapor
½ xícara de chá de vagens picadas cozidas
   no vapor
2 xícaras de chá de feijão cozido e com caldo
   (temperado normalmente)
1 xícara de chá de água
1 colher de sopa de farinha de aveia integral
cheiro-verde a gosto

Refogar o alho e a cebola no óleo. Acrescentar a linguiça e deixar refogar até ficar corada. Acrescentar a carne moída, temperando-a com uma pitada de sal. Deixar refogar até secar todo o líquido. Juntar às carnes a cenoura, a vagem, o feijão, a água e a farinha. Provar o sal. Deixar cozinhar por 5 minutos. Polvilhar cheiro-verde e servir.

rendimento 6 porções

Sugestão: Servir acompanhado de arroz e salada crua.

Carne ao molho moreno

1kg de acém cortado em cubos grandes
1 lata de molho de tomate
1 lata de cerveja preta
1 pacote de sopa de cebola
2 xícaras de chá de purê de abóbora
1 e ½ xícara de chá de água

Colocar tudo em uma panela de pressão, deixando cozinhar até a panela começar a chiar. Baixar o fogo. Cozinhar por mais 30 minutos. Servir quente.

rendimento 6 porções

Sugestão: Servir com purê de batata e salada.

Saladas

Salada diferente

3 xícaras de chá de folhas verdes variadas
  (alface, rúcula, agrião)
1 xícara de chá de manga picada
1 colher de sopa de gergelim torrado

Misturar as folhas e a manga. Na hora de servir, temperar a gosto e salpicar as sementes de
gergelim torrado.

rendimento
3
porções

Salada da roça

10 folhas de couve
suco de 1 limão
sal a gosto

Cortar a couve em tiras bem finas. Temperar
com o sal e o limão e servir.

rendimento
4
porções

Mix de grãos

½ xícara de chá de milho cozido
½ xícara de chá de soja sem casca cozida
½ xícara de chá de feijão-roxinho cozido ao dente
½ xícara de chá de tomates sem sementes picados
salsa, azeite extravirgem, vinagre e sal a gosto

Misturar tudo e servir.

rendimento **3** porções

Sugestão: Servir o mix de grãos acompanhado de salada de folhas e legumes cozidos e filé de frango grelhado.

Salada napolitana

1 berinjela cortada em cubos
½ pimentão verde picado
½ pimentão vermelho picado
½ cebola picada
2 colheres de sopa de azeite de oliva
1 colher de sopa de uvas-passas sem sementes
½ xícara de chá de vinho suave
sal, pimenta e cheiro-verde a gosto

Misturar tudo. Colocar em uma assadeira e cobrir com papel-alumínio. Levar ao forno médio por 20 minutos. Retirar o papel, mexer bem e voltar ao forno sem o papel por mais 20 minutos. Deixar esfriar completamente. Salpicar cheiro-verde e servir

rendimento **4** porções

Salada Dez

10 folhas de alface-americana rasgadas
10 folhas de rúcula rasgadas
10 tomates-cereja cortados ao meio
10 cubinhos de polenta de corte

Misturar a alface, a rúcula e os tomates e temperar a gosto.
Colocar por cima a polenta cortada em cubos e servir.

rendimento
6
porções

Salada Japão

1 pepino japonês com casca cortado
em rodelas finas
1 colher de sopa de pimentão vermelho
picado
2 colheres de sopa de água
1 colher de sopa de vinagre de maçã
1 colher de sopa de azeite de oliva
extravirgem
sal a gosto
1 pitada de açúcar

Misturar tudo. Reservar na geladeira até o momento de servir.

rendimento
4
porções

Feixes de legumes

6 vagens
1 pepino japonês cortado em palitos
1 cenoura pequena cortada em palitos
1 talo de erva-doce cortado em palitos
½ pimentão vermelho cortado em tiras
3 fatias de presunto cortadas em tiras
sal a gosto

Cozinhar no vapor a vagem e a cenoura. Após esfriar, salpicar sal. Juntar 1 vagem, 1 palito de cenoura, 1 de pepino, 1 de erva-doce e com uma tira de presunto envolver os legumes e, para prendê-los, espetar a tira com um palito.

rendimento 6 porções

Sugestão: Servir com molho de mostarda *light*, ou como preferir.

Salada de repolho

1 xícara de chá de repolho verde fatiado
  bem fino
1 xícara de chá de repolho roxo fatiado
  bem fino
½ xícara de chá de cenoura ralada
15 tomates *sweetgrape*
4 folhas de repolho roxo inteiras

Misturar os três primeiros ingredientes e temperar a gosto. Acrescentar os tomates. Servir sobre as folhas inteiras de repolho roxo.

rendimento 4 porções

Sanduíche de maçã

1 maçã fatiada em meias-luas
suco de 1 limão
folhas de alface lisa
rodelas de tomate finas
sal a gosto, se necessário

Colocar as fatias de maçã de molho no suco de limão. Temperar o tomate e a alface com uma pitada de sal. Montar os sanduíches, intercalando uma fatia de maçã com uma de alface, outra de tomate, depois outra de maçã.

Porção por pessoa: 4 sanduíches.

rendimento
8
porções

Salada quente

4 xícaras de chá de legumes variados
   (brócolis, couve-flor, cenoura, abobrinha,
   chuchu, vagem, milho)
1 colher de sobremesa de margarina
   light derretida
sal a gosto

Cozinhar todos os legumes no vapor. Juntar à margarina derretida o sal e os legumes cozidos para temperá-los. Misturar bem e servir em seguida.

rendimento
4
porções

Sobremesas

Frutas: sempre (ou quase sempre)

Inteiras

Em metades

Em quartos

Meia-lua

Fatias

Palito

Pedaços grandes

Pedaços pequenos

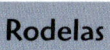

Rodelas

Em purê

Salada

Divertidas

Enfeitadas

Petiscos

Recheadas

Espetadas

Chiques

Assadas

Com linhaça e amendoim

Congeladas

Bebidas

Apesar de parecer estranho incluir a água entre as receitas, é muito importante que você leia essas dicas para aumentar o consumo de água em casa. Aqui estão algumas sugestões para criar o hábito de tomar água entre aquelas pessoas que não são muito fãs dessa bebida, ou aquelas que não se lembram de tomá-la.

Beba água:

Pura

Com pétalas de rosas

Com frutas congeladas

Com azeiton

Com cereja

Aromatizada com hortelã, alecrim ou essência de baunilha

Colorida com groselha

Com gelo d suco de frut

Para aumentar o consumo de água, você pode usar:

Squeezes e garrafas coloridas grandes ou pequenas. Dá para levar a qualquer lugar.

Copos diferentes. De vidro, de plástico, coloridos, decorados, de bebê, grandes ou pequenos. Vale até o copo medidor da mamãe.

Canecas de plástico, de louça, de alumínio, xícara de café ou chá, copinho da boneca, taça de sorvete...

Copos com tampa, com canudo, divertidos, de festa etc.

O importante é hidratar-se sempre.

Anexos

Anexo A – Tabelas de porcionamento com medidas caseiras

Equivalência da porção de pães, cereais e tubérculos
(mais ou menos 150Kcal)

Uma porção de:	Equivale a: (para crianças de 2 a 4 anos)*	Equivale a: (para crianças maiores de 4 anos)*
Acarajé**	¼ de unidade média	½ unidade média
Achocolatado em pó***	1 colher de sopa	2 colheres de sopa
Amido de milho	1 colher de sopa	2 e ½ colheres de sopa
Aipim ou mandioca cozida	½ pedaço médio	1 pedaço médio
Angu	2 colheres de sopa	3 e ½ colheres de sopa
Arroz branco cozido	2 colheres de sopa	4 colheres de sopa
Arroz integral cozido	2 colheres de sopa	4 colheres de sopa
Arroz à grega	2 colheres de sopa	4 colheres de sopa
Aveia em flocos	1 e ½ colher de sopa	3 colheres de sopa
Aveia, farinha de	1 colher de sopa	2 colheres de sopa
Batata cozida ou assada	1 unidade pequena ou 4 colheres de sopa	1 e ½ unidade pequena ou 6 colheres de sopa
Batata frita em palito, chips, palha, pedaços, metades, rodelas grossas, finas ou médias	Batata frita é considerada gordura, cujo consumo deve ser esporádico e pequeno (deveria ser zero ou o menor possível).	A mesma recomendação ao lado.
Batata *sauté*	2 colheres de sopa	4 colheres de sopa
Batata-doce cozida	4 colheres de sopa	6 colheres de sopa
Barrinha de cereais	1 unidade	1 e ½ unidade
Biscoito amanteigado**	3 unidades de 5g cada	6 unidades de 5g cada
Biscoito *cookie* integral	3 unidades de 5g cada	6 unidades de 5g cada
Biscoito doce sem recheio ou cobertura (aveia, maçã com canela, milho, chocolate etc.)	3 unidades de 7g cada	6 unidades de 7g cada

▶

Uma porção de:	Equivale a: (para crianças de 2 a 4 anos)*	Equivale a: (para crianças maiores de 4 anos)*
Biscoito tipo *cream cracker*, água e sal, água, integral ou tradicional	2 unidades de 5g cada	4 unidades de 5g cada
Biscoito de leite	3 unidades de 5g cada	6 unidades de 5g cada
Biscoito tipo maisena	4 unidades de 5g cada	7 unidades de 5g cada
Biscoito tipo maria	4 unidades de 5g cada	7 unidades de 5g cada
Biscoito tipo *wafer*, qualquer sabor**	1 unidade de 7g	3 unidades de 7g cada
Biscoito de polvilho	5 unidades do tipo rosca ou palito, ou 10 unidades do tipo bolinha	10 unidades do tipo rosca ou palito, ou 20 unidades do tipo bolinha
Biscoito recheado, qualquer sabor**	1 unidade de 10g	2 unidades de 10g cada
Bolinho de arroz**	1 unidade de 40g	2 unidades de 40g
Bolo de chocolate caseiro**	½ fatia	1 fatia pequena
Bolo simples, de milho, de cenoura, de banana, de abobrinha, de beterraba, tudo caseiro e sem recheio ou cobertura	1 fatia pequena	1 fatia média
Cacau em pó	2 colheres de sopa	4 colheres de sopa
Caldo de cana	½ copo	1 copo
Canjica	3 colheres de sopa	5 colheres de sopa
Canja	2 conchas pequenas	3 conchas pequenas
Cará ou inhame cozidos	2 colheres de sopa	4 colheres de sopa
Cereal matinal	½ xícara de chá ou 2 colheres de sopa	1 xícara de chá ou 4 colheres de sopa
Creme de arroz ou milho	1 e ½ colher de sopa	3 colheres de sopa
Cuscuz de milho ou tapioca	½ pedaço pequeno	1 pedaço pequeno
Farinha de aveia	1 colher de sopa	2 colheres de sopa
Farinha de mandioca	1 e ½ colher de sopa	2 e ½ colheres de sopa
Farinha láctea	2 e ½ colheres de sopa	4 colheres de sopa
Farinha de milho	2 colheres de sopa	3 colheres de sopa
Farofa	2 colheres de sopa	3 e ½ colheres de sopa
Fubá de milho	1 colher de sopa	2 colheres de sopa

▶

Uma porção de:	Equivale a: (para crianças de 2 a 4 anos)*	Equivale a: (para crianças maiores de 4 anos)*
Granola	1 e ½ colher de sopa	3 colheres de sopa
Macarrão cozido sem molho	3 colheres de sopa ou ½ xícara de chá	5 e ½ colheres de sopa ou 1 xícara de chá
Macarrão ao alho e óleo	1 e ½ colher de sopa	3 colheres de sopa cheias
Macarrão ao sugo	2 colheres de sopa ou ½ xícara de chá ou ½ pegador	4 colheres de sopa ou 1 xícara de chá ou 1 pegador
Macarrão à bolonhesa	2 colheres de sopa ou ½ xícara de chá ou ½ pegador	4 colheres de sopa ou 1 xícara de chá ou 1 pegador
Mandioca, aipim cozido	½ pedaço médio	1 pedaço médio
Mandioquinha (ou batata-salsa ou batata-baroa) cozida	2 colheres de sopa ou 1 pedaço médio	4 colheres de sopa ou 2 pedaços médios
Milho verde cozido	½ espiga	1 espiga
Milho verde enlatado	3 e ½ colheres de sopa	7 colheres de sopa
Mingau (de qualquer farinha)	1 e ½ colher de sopa	3 colheres de sopa
Nhoque	2 e ½ colheres de sopa	5 colheres de sopa
Pão careca doce	½ unidade	1 unidade
Pão de batata	½ unidade média	1 unidade média
Pão de hambúrguer	½ unidade	1 unidade
Pão de forma tradicional, integral, de centeio, de soja, de aveia etc.	1 fatia	2 fatias
Pão de leite	1 unidade	2 unidades
Pão de queijo	½ unidade grande	1 unidade grande
Pão de queijo tipo coquetel	2 unidades	4 unidades
Pão francês	½ unidade	1 unidade
Pão sírio ou pita	1 unidade pequena	1 e ½ unidade pequena
Pão tipo bisnaguinha	2 unidades	3 unidades
Pipoca com sal	1 xícara de chá	2 xícaras de chá
Pipoca doce	½ xícara de chá	1 xícara de chá

▶

Uma porção de:	Equivale a: (para crianças de 2 a 4 anos)*	Equivale a: (para crianças maiores de 4 anos)*
Pirão	2 colheres de sopa	4 colheres de sopa
Pizza em geral	½ fatia pequena	1 fatia pequena
Polenta sem molho cozida	1 fatia média ou 2 colheres de sopa	2 fatias médias ou 4 colheres de sopa
Polenta frita	Polenta frita é considerada gordura, cujo consumo deve ser esporádico e pequeno (deveria ser zero ou o menor possível).	A mesma recomendação ao lado.
Pamonha cozida ou assada	½ unidade de 80g ou 1 fatia pequena	1 unidade de 80g ou 1 pedaço médio
Panetone com frutas cristalizadas	½ fatia média	1 fatia média
Pinhão cozido	25g	50g
Purê de batata	2 colheres de sopa	4 colheres de sopa
Quinoa (ou quinua) cozida	1 e ½ colher de sopa	3 colheres de sopa
Ração humana****	1 e ½ colher de sopa	3 colheres de sopa
Risoto de carne ou frango	3 e ½ colheres de sopa	7 colheres de sopa
Salgadinhos de pacote (qualquer marca e sabor)	Consumo inaceitável	Consumo inaceitável
Sopas à base de legumes, hortaliças, carne ou frango e cereais ou tubérculos, feitas em casa	2 conchas pequenas	3 conchas pequenas
Sopa creme (engrossada com farinha)	1 concha pequena ou 4 colheres de sopa	2 conchas pequenas ou 8 colheres de sopa
Torrada salgada (industrializada)	2 unidades	4 unidades
Torrada de pão francês	3 fatias	6 fatias

* Depende do sexo, peso, altura etc. Consulte seu nutricionista.

** Consumo **esporádico**.

*** O consumo de uma porção de achocolatado substitui o pão no café da manhã ou demais lanches ou qualquer outra porção de carboidratos.

**** Ração humana: mistura de farinhas e outros ingredientes ricos em fibras e energia.

Equivalência da porção de fruta
(mais ou menos 70Kcal)

Uma porção de:	Equivale a: (para crianças de 2 a 4 anos)*	Equivale a: (para crianças maiores de 4 anos)*
Abacate	1 colher de sopa ou 1 fatia pequena	1 colher de sopa ou 1 fatia pequena
Abacaxi	2 fatias finas	2 fatias finas
Açaí	3 unidades	5 unidades
Acerola	20 unidades	20 unidades
Água de coco	2 copos ou 2 caixinhas	2 copos ou 2 caixinhas
Ameixa-preta fresca	3 unidades	3 unidades
Ameixa seca	6 unidades	6 unidades
Banana-maçã	1 unidade	1 unidade
Banana-nanica	½ unidade	½ unidade
Banana-ouro	2 unidades	2 unidades
Banana-prata	1 unidade	1 unidade
Cajá-manga	2 unidades	2 unidades
Caju fresco	2 unidades	2 unidades
Caqui	1 unidade	1 unidade
Carambola	1 unidade	1 unidade
Cereja fresca	24 unidades	24 unidades
Coco fresco	1 e ½ colher de sopa	1 e ½ colher de sopa
Coco seco	1 e ½ colher de sopa ou 1 pedaço pequeno	1 e ½ colher de sopa ou 1 pedaço pequeno
Coco ralado industrializado sem adição de açúcar	1 colher de sopa cheia	1 colher de sopa cheia
Damasco fresco	2 unidades médias	2 unidades médias
Damasco seco	4 unidades	4 unidades
Figo fresco	1 unidade grande	1 unidade grande
Framboesa	1 xícara de chá	1 xícara de chá
Fruta-do-conde ou ata ou pinha	½ unidade	½ unidade

▶

Uma porção de:	Equivale a: (para crianças de 2 a 4 anos)*	Equivale a: (para crianças maiores de 4 anos)*
Goiaba	½ unidade	½ unidade
Grapefruit ou toranja	1 unidade média	1 unidade média
Jabuticaba	20 unidades	20 unidades
Jaca	6 bagos	6 bagos
Jambo	1 unidade grande	1 unidade grande
Laranja-baía/seleta	1 unidade pequena	1 unidade pequena
Laranja-pera/lima	1 unidade	1 unidade
Limão	4 unidades	4 unidades
Limonada com açúcar	½ copo de requeijão	½ copo de requeijão
Maçã	1 unidade pequena	1 unidade pequena
Mamão formosa	1 fatia	1 fatia
Mamão papaia	½ unidade	½ unidade
Manga	1 unidade pequena	1 unidade pequena
Mangaba	3 unidades médias	3 unidades médias
Melancia	2 fatias médias	2 fatias médias
Melão	2 fatias	2 fatias
Morango	10 unidades	10 unidades
Nectarina	1 unidade	1 unidade
Pera	1 unidade	1 unidade
Pêssego	1 unidade grande	1 unidade grande
Pitanga	1 e ½ xícara de chá	1 e ½ xícara de chá
Quiuí	1 unidade	1 unidade
Romã	1 unidade pequena	1 unidade pequena
Salada de frutas	½ xícara de chá ou 2 colheres de sopa cheias	½ xícara de chá ou 2 colheres de sopa cheias
Sapoti	1 unidade média	1 unidade média
Suco de fruta natural feito em casa integral	½ copo de requeijão	½ copo de requeijão
Suco de fruta natural feito em casa diluído	½ copo de requeijão	½ copo de requeijão

▶

Uma porção de:	Equivale a: (para crianças de 2 a 4 anos)*	Equivale a: (para crianças maiores de 4 anos)*
Suco de fruta tipo polpa congelada	½ copo de requeijão	½ copo de requeijão
Suco de fruta natural industrializado	½ copo de requeijão	½ copo de requeijão
Suco de fruta tipo néctar industrializado	½ copo de requeijão ou 1 caixinha	½ copo de requeijão ou 1 caixinha
Suco de fruta tipo refresco em pó industrializado	Não! Muito açúcar e corante e quase nada de fruta.	Não! Muito açúcar e corante e quase nada de fruta.
"Suco de soja"	1 caixinha ou 1 copo	1 caixinha ou 1 copo
Tamarindo	6 unidades	6 unidades
Tangerina, mexerica, bergamota	6 gomos	6 gomos
Uva comum	22 bagos	22 bagos
Uva itália	8 bagos	8 bagos
Uva rubi	8 bagos	8 bagos
Uva-passa	1 colher de sopa	1 colher de sopa

* Depende do sexo, peso, altura etc. Consulte seu nutricionista.

Equivalência da porção de verduras e legumes
(mais ou menos 15Kcal)

Uma porção de:	Equivale a: (para crianças até 4 anos)*	Equivale a: (para crianças maiores de 4 anos)*
Abóbora/jerimum cozido	1 colher de sopa	1 colher de sopa
Abóbora/jerimum refogado	½ colher de sopa	½ colher de sopa
Abobrinha cozida	1 colher de sopa	1 colher de sopa
Abobrinha refogada	½ colher de sopa	½ colher de sopa
Acelga cozida	2 e ½ colheres de sopa	2 e ½ colheres de sopa

▶

Uma porção de:	Equivale a: (para crianças até 4 anos)*	Equivale a: (para crianças maiores de 4 anos)*
Acelga crua picada	9 colheres de sopa	9 colheres de sopa
Agrião cru	14 ramos	14 ramos
Agrião refogado	1 colher de sopa	1 colher de sopa
Aipo cru	2 unidades	2 unidades
Alcachofra cozida	¼ de unidade	¼ de unidade
Alface	15 folhas	15 folhas
Almeirão	5 folhas	5 folhas
Aspargo em conserva**	3 unidades	3 unidades
Berinjela cozida	2 colheres de sopa	2 colheres de sopa
Berinjela ensopada	1 colher de sopa	1 colher de sopa
Berinjela empanada**	1 rodela pequena	1 rodela pequena
Bertalha refogada	1 colher de sopa	1 colher de sopa
Beterraba cozida	3 colheres de sopa ou 3 fatias	3 colheres de sopa ou 3 fatias
Beterraba crua ralada	2 colheres de sopa	2 colheres de sopa
Brócolis cozido	4 colheres de sopa	4 colheres de sopa
Brócolis refogado	2 colheres de sopa	2 colheres de sopa
Broto de feijão	3 colheres de sopa	3 colheres de sopa
Cebola crua	3 colheres de sopa	3 colheres de sopa
Cenoura cozida	2 colheres de sopa	2 colheres de sopa
Cenoura crua	2 colheres de sopa	2 colheres de sopa
Cenoura refogada	1 colher de sopa	1 colher de sopa
Chicória crua	7 folhas	7 folhas
Chicória refogada	1 colher de sopa	1 colher de sopa
Chuchu cozido	2 colheres de sopa	2 colheres de sopa
Chuchu refogado	1 colher de sopa	1 colher de sopa
Cogumelo fresco	100g	100g
Couve crua	1 e ½ folha	1 e ½ folha
Couve-flor cozida	3 ramos ou 4 colheres de sopa	3 ramos ou 4 colheres de sopa

▶

Uma porção de:	Equivale a: (para crianças até 4 anos)*	Equivale a: (para crianças maiores de 4 anos)*
Couve-manteiga refogada	3 colheres de sopa	3 colheres de sopa
Ervilha em conserva**	1 colher de sopa	1 colher de sopa
Ervilha fresca	2 colheres de sopa	2 colheres de sopa
Ervilha-torta	2 unidades	2 unidades
Escarola	15 folhas	15 folhas
Espinafre cozido	3 colheres de sopa	3 colheres de sopa
Jiló cozido	1 e ½ colher de sopa	1 e ½ colher de sopa
Maxixe refogado	1 colher de sopa	1 colher de sopa
Mostarda	6 folhas	6 folhas
Nabo cozido	3 colheres de sopa	3 colheres de sopa
Palmito em conserva**	2 unidades	2 unidades
Pepino japonês	1 unidade	1 unidade
Pepino picado	4 colheres de sopa	4 colheres de sopa
Picles**	5 colheres de sopa	5 colheres de sopa
Pimentão cru fatiado	10 fatias	10 fatias
Quiabo cozido	2 colheres de sopa	2 colheres de sopa
Rabanete	3 unidades	3 unidades
Repolho cru picado	6 colheres de sopa	6 colheres de sopa
Repolho cozido	5 colheres de sopa	5 colheres de sopa
Repolho refogado	2 colheres de sopa	2 colheres de sopa
Rúcula	15 folhas	15 folhas
Salada de legumes	1 colher de sopa	1 colher de sopa
Salada de legumes com maionese	¼ de colher de sopa	¼ de colher de sopa
Salsão cru	2 colheres de sopa	2 colheres de sopa
Tomate-caqui	2 e ½ fatias	2 e ½ fatias
Tomate-cereja	7 unidades	7 unidades
Tomate comum	4 fatias	4 fatias
Vagem cozida	2 colheres de sopa	2 colheres de sopa
Vagem refogada	1 colher de sopa	1 colher de sopa

* Depende do sexo, peso, altura etc. Use o bom-senso. Consulte seu nutricionista.
** Consumo esporádico (muito sódio ou gordura).

Equivalência da porção de leguminosas
(mais ou menos 55Kcal)

Uma porção de:	Equivale a: (para crianças de 2 a 4 anos)*	Equivale a: (para crianças maiores de 4 anos)*
Ervilha seca cozida	1 e ½ colher de sopa	2 e ½ colheres de sopa
Feijão-branco cozido	½ colher de sopa	1 colher de sopa
Feijão cozido (50% grão e 50% caldo)	2 colheres de sopa	4 colheres de sopa
Feijão cozido (só grãos)	1 colher de sopa	2 colheres de sopa
Grão-de-bico cozido	½ colher de sopa	1 colher de sopa
Lentilha cozida	1 colher de sopa	2 colheres de sopa
Soja cozida (grão)	1 colher de sopa	2 colheres de sopa
Tutu de feijão	2 colheres de sopa	2 colheres de sopa

* Depende do sexo, peso, altura etc. Use o bom-senso. Consulte seu nutricionista.

Equivalência da porção de leite e seus derivados
(mais ou menos 120Kcal)

Uma porção de:	Equivale a: (para crianças de 2 a 4 anos)*	Equivale a: (para crianças maiores de 4 anos)*
Bebida láctea	1 pote ou 150ml	1 pote ou 150ml
Coalhada	½ copo de requeijão ou ½ xícara de chá	½ copo de requeijão ou ½ xícara de chá
Cream cheese***	2 colheres de sopa	2 colheres de sopa
Cream cheese light***	2 e ½ colheres de sopa	2 e ½ colheres de sopa
Iogurte de fruta	1 pote ou 140g	1 pote ou 140g

▶

Uma porção de:	Equivale a: (para crianças de 2 a 4 anos)*	Equivale a: (para crianças maiores de 4 anos)*
Iogurte com polpa de fruta	1 pote ou 120g	1 pote ou 120g
Iogurtes *light* ou desnatados	2 potes	2 potes
Iogurte natural	1 pote	1 pote
Iogurte com polpa de fruta e geleia**	1 pote ou 130g	1 pote ou 130g
Leite de búfala	½ copo de requeijão	½ copo de requeijão
Leite de cabra integral	½ copo de requeijão	½ copo de requeijão
Leite de soja original	1 copo de requeijão	1 copo de requeijão
Leite de vaca em pó integral	2 colheres de sopa	2 colheres de sopa
Leite de vaca integral (longa vida)	1 copo de requeijão ou 1 xícara de chá	1 copo de requeijão ou 1 xícara de chá
Leite fermentado****	1 pote	1 pote
Milk shake	¼ de copo de requeijão	¼ de copo de requeijão
Pasta de tofu	3 colheres de sopa	3 colheres de sopa
Queijo *brie***	1 e ½ fatia	1 e ½ fatia
Queijo *camembert* **	1 e ½ fatia	1 e ½ fatia
Queijo *cheddar* cremoso**	2 e ½ colheres de sopa	2 e ½ colheres de sopa
Queijo *cheddar* fatiado**	1 e ½ fatia	1 e ½ fatia
Queijo coalho**	1 pedaço pequeno (25g)	1 pedaço pequeno (25g)
Queijo *cottage*	6 colheres de sopa	6 colheres de sopa
Queijo emental**	1 e ½ fatia	1 e ½ fatia
Queijo fundido	2 fatias finas	2 fatias finas
Queijo gorgonzola**	1 fatia média (40g)	1 fatia média (40g)
Queijo gouda**	2 fatias de 20g cada uma	2 fatias de 20g cada uma
Queijo tipo minas padrão, curado, prensado ou queijo do serro, da Canastra ou de coalho	2 fatias bem finas (semelhante à espessura das fatias médias de mozarela)	2 fatias bem finas (semelhante à espessura das fatias médias de mozarela)

▶

Uma porção de:	Equivale a: (para crianças de 2 a 4 anos)*	Equivale a: (para crianças maiores de 4 anos)*
Queijo mozarela	3 fatias finas ou 2 médias	3 fatias finas ou 2 médias
Queijo pasteurizado fundido**	2 unidades	2 unidades
Queijo parmesão**	3 colheres de sopa	3 colheres de sopa
Queijo petit suisse	2 potes	2 potes
Queijo prato	1 fatia	1 fatia
Queijo prato light**	1 e ½ fatia	1 e ½ fatia
Queijo provolone**	1 fatia	1 fatia
Queijo roquefort**	1 e ½ fatia	1 e ½ fatia
Queijo tipo minas frescal	1 fatia	1 fatia
Queijo tipo minas frescal light	2 fatias finas	2 fatias finas
Queijo tipo suíço**	1 fatia	1 fatia
Queijo tofu	5 pedaços grandes (150g)	5 pedaços grandes (150g)
Queijo tofu defumado	1 e ½ pedaço grande (50g)	1 e ½ pedaço grande (50g)
Requeijão cremoso	1 e ½ colher de sopa	1 e ½ colher de sopa
Requeijão cremoso light	2 colheres de sopa	2 colheres de sopa
Ricota	2 fatias	2 fatias
Vitamina de leite com frutas	1 copo de requeijão ou 1 xícara de chá	1 copo de requeijão ou 1 xícara de chá

* Depende do sexo, peso, altura etc. Use o bom-senso. Consulte seu nutricionista.
** Consumo esporádico.
*** Por, em sua maioria, não conterem proteínas ou cálcio nas porções recomendadas, e serem muito ricos em gorduras, o cream cheese e o creme de leite devem ser consumidos esporadicamente e não devem ser utilizados como substitutos do leite na alimentação.
**** A porção diária de leites fermentados (1 pote) equivale somente à metade de uma porção de leite, devendo ser complementada com mais ½ porção de outro substituto lácteo.

Equivalência da porção de carnes
(mais ou menos 190Kcal)

Uma porção de:	Equivale a: (para crianças de 2 a 4 anos)*	Equivale a: (para crianças maiores de 4 anos)*
Almôndega bovina	1 unidade	2 unidades
Atum em lata	1 colher de sopa	2 colheres de sopa
Atum em lata *light*	1 e ½ colher de sopa	2 e ½ colheres de sopa
Bife enrolado	½ unidade	1 unidade
Bife bovino grelhado	½ unidade	1 unidade
Bife de fígado bovino	¼ de unidade	½ unidade
Camarão frito**	5 unidades	10 unidades
Carne bovina assada/cozida	½ fatia	1 fatia
Carne bovina moída refogada	2 colheres de sopa	4 colheres de sopa
Carne de soja	5 colheres de sopa	10 colheres de sopa
Coração de frango	2 unidades	4 unidades
Dobradinha	2 e ½ colheres de sopa	5 colheres de sopa
Espetinho de carne	½ unidade	1 unidade
Espetinho de frango	½ unidade	1 unidade
Fígado de frango	1 unidade	2 unidades
Filé de frango grelhado	½ unidade	1 unidade
Frango assado/peito	½ pedaço médio	1 pedaço médio
Frango assado/coxa	½ unidade	1 unidade
Frango assado/sobrecoxa	½ unidade	1 unidade
Frango cozido em molho	½ unidade	1 unidade
Hambúrguer**	½ unidade	1 unidade
Linguiça cozida, grelhada ou assada**	1 gomo	1 e ½ gomo
Lombo de porco assado	½ fatia	1 fatia
Manjuba frita**	3 unidades	5 unidades
Merluza/pescada cozida	1 filé	1 e ½ filé

▶

Uma porção de:	Equivale a: (para crianças de 2 a 4 anos)*	Equivale a: (para crianças maiores de 4 anos)*
Moela	1 unidade	2 unidades
Mortadela fatiada *light***	1 fatia fina	2 fatias finas
Omelete simples	½ unidade	1 unidade
Ovo cozido	1 unidade	2 unidades
Ovo de codorna cozido	5 unidades	10 unidades
Ovo frito**	½ unidade	1 unidade
Patê de fígado**	1 colher de sopa	2 colheres de sopa
Peixe cozido, assado ou grelhado	1 pedaço pequeno	1 pedaço médio
Peru assado	½ filé	1 filé
Peito de peru fatiado	2 fatias finas	3 fatias finas
Peito de peru cozido	5 fatias finas	10 fatias finas
Petisco empanado de frango**	1 e ½ unidade	3 unidades
Presunto magro	2 fatias finas	3 fatias finas
Quibe frito**	1 unidade	2 unidades
Rabada**	½ pedaço médio	1 pedaço médio
Salaminho**	5 fatias finas	10 fatias finas
Salsicha**	1 unidade	1 e ½ unidade
Salsicha tipo coquetel**	2 unidades	3 unidades
Salsicha de peru *light***	1 e ½ unidade	2 e ½ unidades
Salsichão **	⅙ de unidade	¼ de unidade
Sardinha em lata ao molho de tomate	½ unidade	1 unidade
Sardinha frita**	½ unidade	1 unidade

* Depende do sexo, peso, altura etc. Use o bom-senso. Consulte seu nutricionista.
** Consumo bem esporádico.

Equivalência da porção de óleos e gorduras
(mais ou menos 70Kcal)

Uma porção de:	Equivale a: (para crianças de 2 a 4 anos)*	Equivale a: (para crianças maiores de 4 anos)*
Amêndoa	5 unidades	11 unidades
Amendoim japonês	8 unidades	16 unidades
Amendoim torrado	7 unidades	14 unidades
Avelã	5 unidades	10 unidades
Azeite de dendê	¼ de colher de sopa	¾ de colher de sopa
Azeite de oliva extravirgem	½ colher de sopa	1 colher de sopa
Castanha de caju torrada	3 unidades	6 unidades
Castanha-do-pará	1 e ½ unidade	3 unidades
Creme chantili caseiro	½ colher de sopa	1 colher de sopa
Creme de leite	1 colher de sopa	1 e ½ colher de sopa
Creme de leite *light*	1 e ½ colher de sopa	3 colheres de sopa
Creme vegetal	¼ de colher de sopa	¾ de colher de sopa
Gergelim	½ colher de sopa	1 colher de sopa
Halvarina ou margarina vegetal *light*	½ colher de sopa	1 colher de sopa
Maionese	¼ de colher de sopa	¾ de colher de sopa
Maionese *light*	½ colher de sopa	1 colher de sopa
Manteiga de leite	¼ de colher de sopa	¾ de colher de sopa
Margarina vegetal	¼ de colher de sopa	¾ de colher de sopa
Margarina vegetal *light* ou Halvarina	½ colher de sopa	1 colher de sopa
Óleo misto (soja + oliva)	½ colher de sopa	1 colher de sopa
Óleo vegetal	½ colher de sopa	1 colher de sopa
Noz	1 unidade	2 unidades
Pistache	9 unidades	18 unidades
Semente de abóbora	½ colher de sopa	1 colher de sopa
Semente de girassol	½ colher de sopa	1 colher de sopa

* Depende do sexo, peso, altura etc. Use o bom-senso. Consulte seu nutricionista.

Equivalência da porção de doces e açúcares
(mais ou menos 110Kcal)

Uma porção de**:	Equivale a: (para crianças de 2 a 4 anos)*	Equivale a: (para crianças maiores de 4 anos)*
Abacaxi em calda	1 fatia pequena	2 fatias pequenas
Achocolatado de caixinha	¼ de unidade	½ unidade
Achocolatado em pó	½ colher de sopa	1 colher de sopa
Açúcar cristal	½ colher de sopa	1 colher de sopa
Açúcar mascavo	½ colher de sopa	1 colher de sopa
Açúcar refinado	½ colher de sopa	1 colher de sopa
Bala	2 unidades	4 unidades
Banana-passa	½ unidade	1 unidade
Beijinho de coco	1 unidade	2 unidades
Biscoito recheado (qualquer recheio)	1 unidade	2 unidades
Bolo de chocolate com recheio e cobertura	$\frac{1}{6}$ de fatia pequena e fina	$\frac{1}{3}$ de fatia pequena e fina
Bolo com recheio e/ou cobertura (qualquer sabor, exceto chocolate)	¼ de fatia bem pequena e fina	½ fatia bem pequena e fina
Bombom	½ unidade	1 unidade
Brigadeiro	1 unidade	2 unidades
Cajuzinho	1 e ½ unidade	2 e ½ unidades
Caldo de cana ou garapa	½ copo de requeijão	1 copo de requeijão
Canjica	2 colheres de sopa	4 colheres de sopa
Chocolate em barra	Você terá de ler o rótulo, pois há muita diferença de calorias entre os diversos tipos e marcas. Procure um com mais ou menos 55kcal por porção.	Você terá de ler o rótulo, pois há muita diferença de calorias entre os diversos tipos e marcas. Procure um com mais ou menos 110kcal por porção.
Cocada	$\frac{1}{12}$ de unidade	$\frac{1}{6}$ de unidade
Doce de abóbora com coco	1 colher de sopa	1 e ½ colher de sopa
Doce de fruta	1 colher de sopa	2 colheres de sopa

▶

Uma porção de**:	Equivale a: (para crianças de 2 a 4 anos)*	Equivale a: (para crianças maiores de 4 anos)*
Doce de leite cremoso	½ colher de sopa	1 colher de sopa
Gelatina preparada	4 colheres de sopa	6 e ½ colheres de sopa
Geleia	½ colher de sopa	1 colher de sopa
Glucose de milho	½ colher de sopa	1 colher de sopa
Goiabada	½ colher de sopa ou ½ fatia	1 colher de sopa ou 1 fatia
Leite condensado	1 colher de sopa	2 colheres de sopa
Leite condensado desnatado	1 e ½ colher de sopa	2 e ½ colheres de sopa
Marmelada	½ fatia pequena	1 fatia pequena
Marrom-glacê	½ fatia pequena	1 fatia pequena
Mel	1 colher de sopa	2 colheres de sopa
Melado	1 colher de sopa	2 colheres de sopa
Musse de chocolate	½ colher de sopa	1 colher de sopa
Musse de fruta	½ colher de sopa	1 colher de sopa
Muffin recheado	½ unidade	1 unidade
Paçoca de amendoim	½ unidade	1 unidade
Pavê de amendoim	¼ de colher de sopa	½ colher de sopa
Pavê de chocolate	½ colher de sopa	1 colher de sopa
Pavê de fruta	½ colher de sopa	1 colher de sopa
Pé de moleque	½ unidade	1 unidade
Pêssego em calda	½ unidade	1 unidade
Picolé de fruta	½ unidade	1 unidade
Picolé cremoso (qualquer sabor)	Você terá de ler o rótulo, pois há muita diferença de calorias entre os diversos tipos e marcas. Procure um com mais ou menos 55kcal por porção.	Você terá de ler o rótulo, pois há muita diferença de calorias entre os diversos tipos e marcas. Procure um com mais ou menos 110kcal por porção.
Pudim de leite	½ colher de sopa	1 colher de sopa
Queijadinha	½ unidade pequena	1 unidade pequena
Quindim	1 e ½ unidade pequena	2 e ½ unidades pequenas

▶

Uma porção de**:	Equivale a: (para crianças de 2 a 4 anos)*	Equivale a: (para crianças maiores de 4 anos)*
Rabanada	½ unidade	1 unidade
Refresco em pó adoçado com açúcar reconstituído	1 copo de requeijão	1 e ½ copo de requeijão
Sorvete (massa)	¼ de bola	½ bola
Sorvete (massa) *light*	½ bola	1 bola
Suspiro	2 unidades médias	3 unidades médias
Torta de limão	¼ de fatia pequena	½ fatia pequena

* Depende do sexo, peso, altura etc. Use o bom-senso. Consulte seu nutricionista.
** Consumo **bem** esporádico.

Anexo B – Porcionamentos

Para saber como porcionar as refeições, é bom conhecer bem os utensílios normalmente utilizados para essa finalidade: a escumadeira, a colher de sopa, a colher de sobremesa etc.

1. Escumadeira
2. Colher de sopa
3. Colher de sobremesa
4. Colher de chá
5. Colher de café

Para porcionar alimentos líquidos, podem-se utilizar, além da colher de sopa, as conchas, que têm diversos tamanhos e formatos.

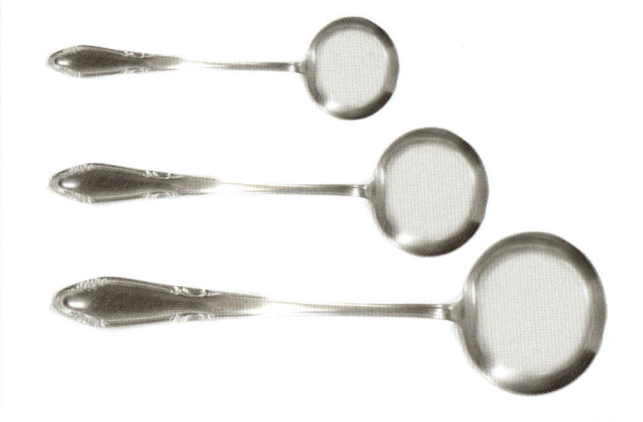

Concha pequena = 40ml ou 40g

Concha média = 70ml ou 80g

Concha grande = 100ml ou 120g

Você também pode fazer algumas conversões de medidas:

1 colher de sopa	1 e ½ colher de sobremesa 3 colheres de chá 7 colheres de café
1 colher de sopa	10g de farinha, sal, açúcar, arroz cru ou óleo 6g de queijo ralado ou fermento em pó 15g de margarina 20g de fermento biológico
1 escumadeira média	5 colheres de sopa
1 concha média	6 colheres de sopa
1 concha pequena	4 colheres de sopa

A medida caseira mais utilizada para quantificar alimentos secos e líquidos neste livro foi a colher de sopa. **Prefira sempre utilizar uma colher da qual você conheça o porcionamento para que não faltem nem sobrem ingredientes em suas receitas.** Sugiro a colher de sopa (todo mundo tem uma).

Quanto a porcionamentos de grande quantidade, utilizam-se comumente as medidas de xícara de chá, xícara de café, copo de requeijão, copo americano e copo americano duplo. Veja a seguir as diferenças entre esses recipientes:

Xícara de chá

Normalmente equivale a:

200ml de qualquer líquido

160g de grãos ou sementes

120g de farinhas de qualquer tipo

100g de macarrão

140g de açúcar

Xícara de café

Normalmente equivale a:

50ml de qualquer líquido

Copos

1. Copo americano – 200ml

2. Como americano duplo – 300ml

3. Copo de requeijão – 300ml

Para sucos, considero uma porção:
½ copo de requeijão ou até
um pouco mais, 175ml

1   2   3

Veja a seguir algumas porções de alimentos:

Pão francês

1 porção = 1 unidade de 50g

Torradas

1. Torrada industrializada (menor que a tradicional de pão de forma): 1 porção = 4 unidades
2. Torrada feita em casa com pão de forma: 1 porção = 2 unidades
3. Torrada aperitivo: 1 porção = 15 unidades
4. Torradas industrializadas bem finas ou leves: 1 porção = 10 unidades

Pão de queijo

1 porção = 1 unidade média vendida em padarias (40g) ou 4 unidades pequenas do tipo coquetel (10g cada uma)

Bolo de chocolate

Pedaço pequeno = 35g
(espessura de um dedo fino)

Bolo simples
(sem recheio ou cobertura)

Fatia média = 60g (espessura de três dedos
unidos)

Bolo de cenoura

Sem cobertura: porção de 50g
(espessura de dois dedos)

Com cobertura: porção de 30g (espessura
de um dedo fino)

Sempre me perguntam por que insisto em que os bolos sejam caseiros. Os bolos de padaria ou industrializados, na maioria das vezes, são feitos com água, açúcar, farinha e gordura hidrogenada ou margarina que contém esse tipo de gordura trans, além de aditivos químicos para realçar o sabor, a cor e aumentar a conservação – nada muito saudável. Evite-os.

Queijo minas fresco

1 fatia média (40g) = espessura de um dedo

Queijo minas padrão
(curado ou prensado, ou queijo
do serro, da canastra ou de coalho)

1 porção = 2 fatias bem finas (0,5cm de espessura cada uma) ou 35g

Ricota fresca

1 porção = 2 fatias (espessura de um dedo cada uma)

Queijo provolone

Pode ter vários formatos. Os mais comuns são aqueles em forma de bastão, cuja espessura varia bastante. Por isso, cuidado com o tamanho das porções.

Para os queijos de diâmetro menor:
1 porção = 1 fatia de 0,5cm de espessura ou 4 fatias bem finas (35g)

Para os queijos de maior diâmetro:
1 porção = 2 fatias bem finas (35g)

Melão

porção = 2 fatias médias (espessura
de dois dedos cada uma)

Mamão formosa

porção = 1 fatia média da fruta
cortada no sentido do comprimento
(espessura de 1 dedo e meio)

Manga

porção = 5 fatias somando cerca
de 110g
caso a manga seja pequena, pode ser
consumida inteira.

Abacaxi

porção = 2 fatias finas (espessura
de um dedo cada uma)

Margarina ou doces cremosos

Porção = 1 colher de sopa cheia

Perceba que é assim que deve ficar a colher de sopa cheia, e não...

... assim, como muita gente faz (é a popular "colher de mãe"). Essa medida deve equivaler a, no mínimo, 2 colheres de sopa.

Como dificilmente usamos a colher de sopa para passar margarina no pão, transferi a mesma quantidade de margarina da colher para uma faca de mesa. Uma porção de margarina ficou como se vê na foto ao lado. Então, ao passar margarina no pão, você pode se orientar por essa imagem.

Arroz

1 porção = 4 colheres de sopa de arroz cozido

Feijão

1 porção = 2 colheres de sopa de grão
mais 2 colheres de sopa de caldo

Macarrão (espaguete)

É humanamente impossível porcionar esse
tipo de macarrão com colher de sopa. Por
isso, use outro tipo de medida caseira:

1 porção = 1 xícara de chá

Batata

Veja a diferença de tamanho dessas
batatas. Uma porção de batata cozida
equivale a 1 e ½ unidade pequena (como
indicada na figura), cerca de 150g.

Mandioquinha ou batata-salsa
ou batata-baroa

1 porção = 1 pedaço médio ou
2 colheres de sopa

Exemplo de uma refeição completa

1 porção de arroz: 4 colheres de sopa

1 porção de feijão: 2 colheres de sopa

2 porções de vegetais: 4 colheres de sopa

1 porção de carne: 1 bife médio (80g)

Exemplo de uma refeição completa

1 porção de macarrão: 1 xícara de chá

1 porção de carne: 1 coxa de frango média (90g)

2 porções de vegetais: 4 colheres de sopa

Exemplo de refeição à base de sopa

1 porção de sopa = 1 e ½ xícara de chá ou 15 colheres de sopa, ou 2 e ½ conchas grandes (300ml)

Exemplo de refeição com duas fontes de carboidratos

Observe que, nesse prato, foram porcionadas duas fontes de carboidrato equivalentes: purê de batata e milho. No caso, a porção de carboidrato dessa refeição deve ser dividida entre os dois alimentos, por exemplo:

1 porção de carboidrato = 2 colheres de sopa de purê de batatas + 2 colheres de sopa de milho cozido.

Exemplo de refeição sem carne

Risoto de legumes, feijão, salada temperada com limão e outra boa fonte de vitamina C, a goiaba. Quando a refeição não contar com carnes, é necessária a presença de vitamina C para aumentar a absorção de ferro.

Exemplo de refeição com proteína texturizada de soja (carne de soja em substituição à carne moída do molho à bolonhesa)

Acompanha salada mista de tomate, pepino, cenoura, vagem e acelga temperada com limão (fonte de vitamina C, necessária para melhor absorção do ferro). Veja a receita do molho à bolonhesa vegetariano na Parte V.

Exemplo de cortes diferentes de legumes

Só porque a salada tem cenoura, não quer dizer que ela precisa ser em rodelas. Você pode usar uma infinidade de cortes diferentes: além de enfeitar os pratos de maneiras diversas, evitando a monotonia, também modificam o sabor do alimento. Experimente.

Milho

Aqui o milho entrou só para enfeitar o prato. Milho, batata, mandioca, cará, inhame, mandioquinha, quinoa são todos fontes de carboidratos como o arroz, portanto não devem ser considerados legumes ou saladas.

Exemplo de refeição utilizando o aproveitamento integral de alimentos

O molho de tomates com carne moída foi enriquecido com talos e folhas de brócolis e couve-flor.

Risoto de legumes

Opção excelente para incluir mais legumes cozidos na alimentação diária de seu filho.

Almôndega caseira

Feita com proteína texturizada de soja (carne de soja), é uma ótima opção para começar a incluir a soja na alimentação infantil.

Feijão com beterraba

Cozinhar a beterraba junto com o feijão ajuda a enriquecer seu caldo com vitaminas e minerais.

Legumes fatiados bem finos e misturados à carne também podem ser mais bem-aceitos.

Ovos

O ovo é uma excelente fonte de proteína. É um alimento cujo consumo deve ser incentivado, principalmente em se tratando de crianças na idade escolar, por também auxiliar na aprendizagem e memorização.

Peixe

Peixes de qualquer espécie devem ser utilizados na alimentação infantil. Sempre prefira as preparações de peixe cozido, assado ou grelhado.

Anexo C – Disfarçando os alimentos

Nada melhor do que um bom disfarce para uma criança comer, sem perceber, aquele alimento que ela diz detestar, e ainda deixar a mamãe mais feliz e tranquila.

Mas lembre-se: os disfarces de alimentos só funcionam na educação e reeducação alimentar se você também oferecer à criança o mesmo alimento disfarçado em sua forma natural, para que ele veja, pegue, sinta sua textura, cheire, prove, coma ou recuse. Esse processo é básico para o desenvolvimento do paladar da criança e para a formação de bons hábitos alimentares. De outra forma, ela nunca aprenderá a se alimentar corretamente sozinha, não conhecerá direito os alimentos (e é difícil gostar daquilo que não se conhece) e muito menos aprenderá a escolhê-los se você privá-la de experimentar um mesmo alimento por, pelo menos, oito vezes em dias e formas de preparação diferentes.

O disfarce dos alimentos é só uma medida paliativa para você controlar seu estresse quanto à melhoria da qualidade da alimentação de seu filho. Esse disfarce poderá ser utilizado durante o processo de aprendizagem dele quanto aos hábitos saudáveis, mas jamais como substituto da apresentação normal dos alimentos.

Se você notar que está ficando acomodada em vez de só mais tranquila, pare imediatamente de disfarçar os alimentos, pois isso colocará tudo a perder, e quem mais sairá prejudicado nessa história será seu filho. Por isso, preste atenção e faça tudo conforme combinamos.

Uma forma bem interessante de disfarçar os alimentos é preparar purês de diversos tipos de legumes, como: purê de abóbora, de cenoura, de abobrinha, de chuchu, de beterraba, de brócolis, de couve-flor, de espinafre, de pimentão, de ervilhas etc. Cozinhe esses vegetais de preferência no vapor e sem temperos. Depois de cozidos, use um liquidificador comum para fazer o purê. Alguns vegetais talvez precisem de algumas colheradas de água para ser liquefeitos. Você pode fazer purês com esses vegetais em separado, ou, se quiser, misturar alguns deles. Também é possível preparar o purê na hora de utilizar em alguma preparação ou dividi-lo em porções, embalá-lo e congelá-lo para utilizá-lo quando e como preferir.

Esses purês podem ser utilizados em diversas preparações usuais e mais bem-aceitas pelas crianças sem que elas percebam o ingrediente secreto. Misture o purê de couve-flor ao purê de batatas que seu filho adora, faça deliciosas sopas com o purê de cenoura ou de abóbora, prepare massas de pizza, panqueca, omeletes, tortas, pães caseiros e caldos com esses purês sem precisar dizer a ninguém. Fica delicioso misturar purê de legumes ao caldo do feijão, ou à água de cozimento do arroz. Você já experimentou fazer um bolo simples acrescentando purê de algum legume? Fica divino! Acrescente à massa do bolo o purê de abobrinha ou de beterraba, mas experimente a massa antes de assar, pois talvez precise de um pouco mais de açúcar.

Purê de abóbora

Purê de beterraba

Molho de macarrão à bolonhesa enriquecido com purê de abóbora e mix de legumes triturados.

Bolo simples acrescido de beterraba crua triturada.

Veja receita na Parte V

Você é capaz de adivinhar o ingrediente secreto desse bolinho? Purê de berinjela!

E este outro biscoito, você pode imaginar do que ele é feito? É feito com purê de couve-flor e abóbora!

Veja receita na Parte V

Sopa preparada com purê de cenoura e abobrinha com frango desfiado. Deliciosa!

Se seu filho também não é muito fã de frango ou carne, você pode preparálos como de costume, temperados, gostosos. Em seguida, cortar em pedaços pequenos e batê-los no liquidificador com um pouco de água, até que fiquem com uma consistência lisa e cremosa. Depois, é só utilizar esses purês no preparo de arroz, feijão, sopas, caldos etc.

Purê de carne cozida misturado ao feijão cozido.

Outra forma de disfarçar os legumes – ou, pelo menos, evitar que a criança tire-os do prato – é a trituração. Para isso, seria interessante ter um processador de alimentos (um ótimo investimento, em minha opinião). Costumo comprar legumes e verduras frescas uma vez por semana. Lavo todos eles, descasco o que for necessário e pico em pedaços menores. Cozinho-os no vapor: cenoura, brócolis, couve-flor, abóbora, abobrinha, vagem, ervilha fresca, vagem torta, quiabo, chuchu, berinjela etc. Transfiro os legumes ainda meio durinhos, não muito cozidos, para o processador de alimentos, e os trituro bem. Uso para enriquecer o arroz, o feijão, omeletes, quibes, tortas salgadas, sopas. Misturo com ricota e transformo em um patê delicioso para comer com torradas e em sanduíches, e congelo em porções o que sobrar.

Várias preparações podem ser feitas utilizando legumes triturados, como molhos, risotos, quibe de bandeja, bolinhos, bolos, pães, sopas, omeletes, tortas salgadas, patês etc. Veja algumas receitas no Parte V.

Verduras como couve, escarola, mostarda, almeirão, acelga, rúcula, folhas de beterraba, cenoura, brócolis e de couve-flor podem ser trituradas ainda cruas (depois de limpas, desinfetadas e secas em papel toalha), colocadas em potes e congeladas. Ficam excelentes adicionadas a arroz, feijão, sopas, caldos, tortas, molhos etc.

Legumes branqueados triturados

Couve triturada

Anexo D – Decoração de pratos

Quer fazer seu filho pequeno vibrar de alegria na hora de comer os legumes? Faça de vez em quando algumas carinhas divertidas nos pratos e nos lanches dele. Não é preciso ser nada sofisticado ou difícil, use o que tiver à mão e sua imaginação. Veja algumas sugestões:

Macarrão espaguete: carinha

Molho à bolonhesa: cabelo

Seleta de legumes cozidos:
sorriso, olhos e nariz

Arroz: a terra

Feijão: a grama

Brócolis: as árvores

Coxa de frango: o helicóptero

Tomate, cenoura: o sol
e as hélices do helicóptero

Macarrão gravatinha: carinha

Cenoura e beterraba ralados: cabelos

Tomate: orelhas

Carne moída: sorriso

Cenoura: nariz

Olhos: ervilhas

Chamamos esse prato em casa
de "Ninho de passarinho".
Meus filhos simplesmente adoram
quando o faço, e é simples: macarrão
espaguete com legumes temperados
com azeite, sal e um pouco de alho,
e ovinhos de codorna descansando
sobre o ninho.

Está pronta a festa.

Muito simples: uma refeição normal. Só tive a ideia de fazer carinhas no ovo com *ketchup*, e foi o que bastou para tornar esse prato especial.

Macarrão ave-maria: casinha

Brócolis e couve-flor: árvores

Bife de carne moída e de soja: sol

Cenoura: porta, janelas, raios do sol

Couve-flor: olhos e sorriso do sol

Outra refeição normal, mas o filé de peixe recebeu vida e graça com olhos desenhados com cenoura e um sorriso com ervilhas.

Este é mais um exemplo de disfarce de alimentos: sopa batida. Nada impede você de fazer uma deliciosa sopa nutritiva e gostosa, batê-la no liquidificador (desde que não seja todo dia assim) e misturá-la com algum alimento de que seu filho gosta. Assim, ele nem vai se preocupar em tentar saber do que é a sopa. A da foto foi feita com batata, bastante cheiro-verde, couve, chuchu e brócolis. E como meus filhos adoram brócolis, apostei neles para enfeitar e enriquecer o prato ainda mais.

Este monstrinho ficou feio,
mas fez sucesso: o arroz foi moldado
com uma tigela em forma de maçã,
o atum desfiado serviu como cabelo,
o nariz é um tomate cereja inteiro,
os olhos são ervilhas e a boca foi
feita com pimentão.
Quando fizer alguma preparação
de cores mais pálidas e sem graça,
procure utilizar um prato bem colorido,
para ficar mais bonito.

Outra versão do monstro maçã.

No caso dos lanches, eles podem ser saborosos, saudáveis e divertidos, tudo de uma só vez

Costumo utilizar acessórios que realmente facilitam meu trabalho e divertem as crianças, as quais, ao contrário de nós, têm gostos muito simples e se contentam com bem pouco, desde que regado com carinho e atenção. Você também pode investir em alguns cortadores de biscoitos como esses da foto e fazer suas "artes".

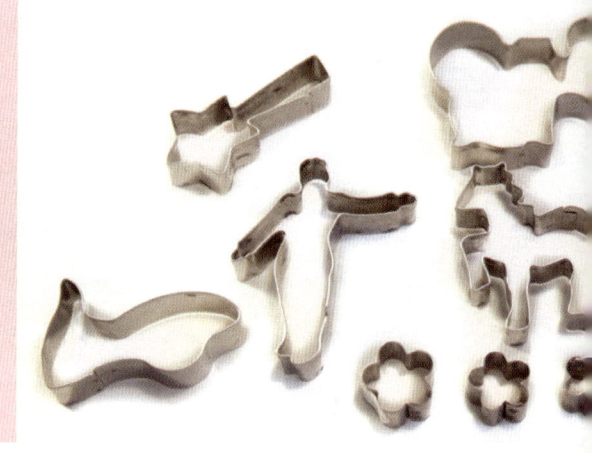

Nada mais simples: pão integral com um lindo sorriso desenhado com *ketchup*. Para completar, um copo de leite e uma pera.

Pão italiano com queijo pasteurizado cortado em formatos diversos. Que criança resiste a isso?

Torrada em forma de coração com margarina light e desenhada com farofa de linhaça, gergelim e castanha-do-pará torrados.

Veja receita na Parte V

Torrada em forma de girafinha.

Torradinhas para comer com o recheio que quiser.

Com os recortes de pão que sobrarem após utilizar os cortadores, prepare deliciosos palitos de pão torrados crocantes e sequinhos para comer com algum molho gostoso.

Este outro molho é uma geleia de pimenta.

A torrada redonda que aparece na foto ao lado foi recortada com um copo. O que sobrou da fatia de pão tornou-se esta "torrada buraco", pincelada com geleia, com um rolo de peito de peru recheado com ricota temperada com pepino, tomate e salsinha (tudo triturado).

Bolos simples caseiros também ganham outro charme e ficam irresistíveis quando moldados com os cortadores de biscoitos.

Que criança conseguirá resistir a este cavalinho de queijo fresco?

Você pode recortar legumes cozidos também e servi-los como petiscos na hora do lanche com algum molho e espetinhos coloridos.

Outra opção é recortar os legumes para servir como salada. Também ficam excelentes.

Quem disse que pizza não pode ser nutritiva? Veja esta, por exemplo: massa integral, molho de tomate, chicória, queijo fresco, tomate cereja, cenoura e abobrinha. Nesta versão, fiz uma caretinha de monstro.

Uma excelente opção para o lanche das crianças em casa ou na escola: pãozinho assado feito com farinha de trigo integral, ovos, fermento e temperos, recheado com salsinha, cenoura, linhaça triturada e queijo fresco.

Se seu filho é daqueles que não podem nem ver uns legumezinhos como os das fotos anteriores, então você pode usar os purês de legumes. Estes bolinhos assados foram feitos com purê de legumes variados (berinjela, cenoura e abobrinha). Não dá para perceber os legumes e os bolinhos ficam macios e muito saborosos.

Uma ótima opção para biscoitos e bolinhos nutritivos são as máquinas de fazer biscoitos, se você dispõe dessa facilidade em casa. Fazem os biscoitos já decorados. Estes da foto foram feitos com purê de legumes e suco de goiaba. Ninguém imagina que há legumes e frutas, e os biscoitinhos ficam lindos e realmente deliciosos.

Um bolo perfeito para um aniversário. Feito com beterraba, ele fica meio avermelhado, lindo mesmo, e é só assá-lo em uma forma diferente, desenformar num prato colorido e colocar uma velinha para cantar parabéns. Está feita a festa, é só comer. Ninguém resiste.

Anexo E – Dicas para quem não tem tempo

Normalmente minha rotina diária é a seguinte: acordo às 6h, faço minha higiene, preparo o café da manhã para meus filhos, brinco um pouco com eles e às 7h30 começo a trabalhar. Minha empregada serve um lanche às crianças às 9h30, depois de levá-los para brincar no quintal de casa (correr, andar de bicicleta ou patinete ao sol, ou ir até o *playgroud*). Nesse horário, também paro para um lanchinho (5 minutos); preparo o almoço às 11h, sirvo às 11h30. Às 12h30 levo as crianças à escola, às 12h45 vou à academia, às 13h30 volto a trabalhar. Às 15h faço uma pausa de 15 minutos para um lanche; às 17h começo a adiantar o jantar, às 17h30 busco as crianças na escola, às 18h jantamos. Brinco com as crianças até às 19h e começo a prepará-los para dormir – higiene, pijama, histórias. Às 20h eles tomam a ceia e escovam os dentes. As crianças vão dormir e eu volto a trabalhar até às 23h, às 22h tomo um chá bem gostoso com um pedaço de queijo ou 2 bolachas e às 23h30 já estou sonhando.

Como você pode ver, também não tenho muito tempo sobrando. Trabalho em média 10 horas por dia, inclusive em muitos finais de semana e feriados. Faço 7 refeições por dia, vou à academia, preparo a comida em casa, faço as compras, brinco com meus filhos, acompanho seus deveres escolares, leio para eles, vejo TV com eles, escovo seus dentes todas as noites, dou banho, corto as unhas, lavo e seco seus cabelos, sou juíza em suas brigas e muitas vezes companheira em suas farras. Ufa! E o meu dia tem 24 horas exatamente como o seu.

Mas não foi sempre assim. Aliás, confesso que não faz muito tempo que é assim. Precisei de muito esforço, organização, cooperação, vergonha na cara e ainda parar de arranjar desculpas para justificar o "faça o que eu digo, mas não faça o que eu faço".

Você também pode encontrar uma maneira de encaixar, em seu dia a dia, maneiras práticas, fáceis e rápidas de preparar refeições saudáveis para você e sua família. Aqui seguem algumas dicas que podem ajudá-la a driblar o maior problema dos tempos modernos: a falta de tempo.

O segredo é a praticidade.

O prático economiza tempo, facilita o trabalho e deixa tudo mais organizado. Os únicos inconvenientes talvez sejam certo investimento inicial e rigor na organização.

Uma cozinha bem equipada é muito prática. Considero alguns eletrodomésticos essenciais. Além de fogão, forno e geladeira, não sobrevivo sem liquidificador, *mixer* de mão, torradeira, espremedor de frutas, forno de micro-ondas, multiprocessador de alimentos e o fundamental *freezer* vertical. Tenho também outros companheiros de trabalho maravilhosos e infalíveis: panelas antiaderentes, cestos de inox para cozinhar no vapor, panela de fazer pipoca e a chapa de fazer *takoyaki* (bolinho japonês redondinho).

Organize suas compras para um dia na semana em que você puder dedicar-se (ou alguém às suas ordens) ao pré-preparo da comida da semana toda, ou seja, uma vez por semana abasteça sua casa de frutas, legumes, pães, leite, queijo, iogurtes, ovos e outros perecíveis previstos no cardápio da semana. Compre verduras e carnes duas vezes na semana. Quando chegar com as compras, dedique-se ao pré-preparo de frutas, legumes, verduras e carnes antes de guardá-los.

Comece por limpar e temperar a carne, frango ou peixe, que comprou para os próximos três dias (conforme seu cardápio), e guarde-os já temperados em recipiente com tampa na geladeira.

Lave legumes, verduras e frutas um a um, em água corrente, com o auxílio de uma escovinha ou esponja bem macia. Depois de lavados, coloque os alimentos limpos imersos em solução clorada (1 colher de sopa de hipoclorito de sódio ou cloro a 2% próprios para desinfecção de alimentos – você saberá disso se ler o rótulo do produto – para cada litro de água) e deixe-os de molho nessa solução por 20 minutos. Depois, enxágue-os em água filtrada, seque as frutas e legumes que serão consumidos crus com papel absorvente e guarde-os inteiros em recipientes plásticos tampados na geladeira. Quanto às verduras, após o enxágue, deixe-as escorrer um pouco sobre o escorredor de macarrão e, se achar necessário, coloque-as no secador de verduras, (bacia plástica com cesto giratório que faz uma espécie de centrifugação das verduras, tornando-as mais secas). Em seguida, guarde-as em recipientes tampados.

Para servir as frutas às crianças, retire da geladeira as porções de que necessitar uns 30 minutos antes, para que não fiquem muito geladas.

Os legumes que você pretende submeter ao calor devem ser, preferencialmente, cozidos no vapor por alguns minutos ainda inteiros, com a casca, e retirados ainda um pouco duros, sem que o cozimento seja completo. Depois devem ser resfriados ao natural antes de ir para a geladeira em recipientes tampados. Fazendo assim, os legumes podem ser preparados de maneira bem mais rápida e prática quando você precisar deles, submetendo-os ao cozimento final. Pique-os de diversas formas, levando em conta o que precisar durante a semana: rodelas, cubos, palitos, ralados, pedaços maiores etc.

Outra forma também muito prática de economizar tempo no preparo das refeições é comprar legumes em maior quantidade do que o necessário para uma semana e congelá-los.

Frutas que serão guardadas já limpas e higienizadas na geladeira

Proceda conforme o sugerido anteriormente para os legumes que pretende submeter ao calor; porém, ao retirá-los do vapor após o pré-cozimento, mergulhe-os rapidamente em água filtrada bem gelada para fazer o choque térmico. Essa técnica, chamada branqueamento, desativa certas enzimas; serve também para fixar a cor do vegetal, remover oxigênio e diminuir a carga bacteriana inicial da superfície do alimento. Não se trata de cozimento, mas de uma preparação para o congelamento desses vegetais. Você pode fazê-lo utilizando água fervente por poucos minutos também. Mergulhe o vegetal em água fervente, retire-o assim que a água levantar fervura novamente e depois mergulhe-o em água gelada. Só tenha o cuidado de trocar a água a cada porção de vegetais que você branquear.

As verduras e os legumes também serão guardados
já limpos e desinfetados dentro da geladeira

Os legumes serão picados de diversas formas e combinações, branqueados e congelados

Depois de branqueados, separe porções dos legumes em saquinhos para congelados ou potes plásticos com tampa próprios para congelamento, coloque etiquetas com o nome dos alimentos e a data de preparo e leve-os para o *freezer*. Separe algumas porções desses legumes já branqueados para serem triturados, se assim preferir. Depois de triturados, eles também deverão ser porcionados, etiquetados e congelados. Você ainda pode deixar o cozimento se completar em uma parte desses legumes e depois de cozidos transformá-los em purê. Cozinhe os legumes, espere esfriar, bata-os no liquidificador com um pouco de água, se necessário, e congele-os em porções.

Legumes e algumas verduras também poderão ser congelados triturados, em forma de purê ou picados. Tudo em porções equivalentes à necessária para uma refeição da família.

A organização e o controle dos congelados são importantes e facilitam na hora de escolher o que será preparado. Mantenha todos os alimentos congelados organizados, em embalagens próprias e etiquetados com o nome do alimento e a data do congelamento.

Existem outras maneiras de poupar tempo na hora de preparar as refeições: adquirindo em supermercados ou feiras livres legumes e verduras já congelados, ou mesmo os minimamente processados, ou seja, aqueles que você já compra limpos, descascados, picados, embalados e prontos para cozinhar, e até saladas já prontas para o consumo.

Você pode congelar também polpa de frutas, feijão e arroz cozido, molho de macarrão, pães, bolos, pão de queijo, sopas, tortas salgadas, lasanha pronta, peito de frango cozido desfiado, queijo ralado e mozarela *light* em pedaços. Congele tudo em porções. Sugiro um bom curso de congelamento de alimentos, pois ali-

mentos prontos congelados de forma correta conservam todo o sabor da comida feita na hora, ao contrário do que muitos pensam.

Fazendo dessa maneira, você terá legumes, verduras e frutas na geladeira já prontos para ser consumidos, carnes prontas para ser preparadas e legumes, polpa de fruta e outros alimentos já pré-preparados e/ou prontos para ser utilizados de forma rápida, prática e nutritiva. Assim, você pode economizar por volta de 30 a 40 minutos diariamente no preparo de cada grande refeição (almoço e jantar).

Além disso, para as emergências e imprevistos disponha dos serviços de disk-marmitex. Contudo, você precisa conhecer o fornecedor, bem como optar por um cardápio mais harmônico, pois é comum que os marmitex tragam grande quantidade de arroz, frituras, outras massas e às vezes muita carne. Se você se informar bem, esses serviços normalmente têm algumas alternativas para os mais exigentes, que podem incluir pelo menos um tipo de legume refogado em substituição às massas e frituras, e preparações mais magras de carne ou frango, o que você deve preferir — além de ter em casa alguns alimentos fáceis para incrementar o marmitex.

É importante servir-se do marmitex em um prato, e não diretamente da embalagem, para evitar os exageros.

Acima, um marmitex comum (arroz, feijão, frango assado e abobrinha refogada) virou uma delícia de refeição nutritiva ao ser incrementado com tomates e brócolis no vapor. Essa refeição levou 6 minutos para ficar pronta (entre o recebimento do marmitex pelo *delivery*, o preparo do brócolis e do tomate e o porcionamento no prato).

Outra opção emergencial é ter em casa massa de pizza congelada. Você encontra algumas ótimas, integrais e muito gostosas, no supermercado. É só aquecer o forno, recheá-la com o que está disponível no *freezer* e/ou geladeira (molho, tomate, queijo, rúcula) e preparar uma deliciosa e nutritiva pizza (de vez em quando!).

Reaproveitar o que sobrou do almoço também vale.

Com a sobra de arroz, você pode fazer um delicioso arroz de forno, misturando-o com molho de tomate, legumes (congelados) e ovos. Uma refeição completa em um só prato e rapidinho (10 minutos).

Com a sobra de feijão, que tal uma bela sopa de feijão enriquecida com aquele purê misto de legumes que você congelou (11 minutos)?

Macarrão é uma ótima opção. Fácil, prático e delicioso. Você encontra versões integrais excelentes (leia a embalagem) e pode preparar rapidinho um belo molho de tomate e incrementá-lo com um nutritivo purê de abóbora mais o *mix* de legumes branqueados que você congelou. Abra uma lata de sardinhas (em molho de tomate, não em óleo) ou refogue a carne moída já temperada que está na geladeira e pronto. Você tem uma refeição rápida, prática, nutritiva e muito saborosa (17 minutos).

Para seu café da manhã super-rápido, você pode escolher algumas das sugestões a seguir, muito práticas, rápidas e nutritivas.

- Vitamina de fruta com aveia ou granola. É só bater e tomar.
- Iogurte com granola ou aveia + banana, maçã, pera, tomate, pêssego ou qualquer outra fruta que você pode comer enquanto caminha ou termina de se arrumar. (Sim, tomate é uma fruta, e é delicioso comê-lo inteiro como maçã.)
- Torrada com queijo fresco, requeijão *light*, mozarela ou qualquer tipo de queijo + suco de caixinha (para quem não tem tempo mesmo de fazer suco natural, o suco de caixinha é uma boa alternativa; não é o ideal, mas é melhor do que nada).
- Sanduíche de queijo com suco de caixinha.
- Sanduíche de peito de peru + iogurte + banana, maçã, pera, tomate, pêssego ou qualquer outra fruta que você pode comer enquanto caminha ou termina de se arrumar.
- Frapê de frutas (leite batido com bolacha doce sem recheio e fruta). É só beber.
- Torrada + iogurte batido com fruta.
- Cereal matinal com leite + banana, maçã, pera, tomate, pêssego ou qualquer outra fruta que você pode comer enquanto caminha ou termina de se arrumar.

Para lanche da manhã, lanche da tarde e ceia, as opções também são simples:

- Iogurte de fruta.
- Leite batido com chocolate.
- Suco de caixinha.
- Suco de soja em caixinha.
- Frutas diversas, que você possa levar na bolsa, guardar na gaveta do escritório, comer no ônibus ou no carro, andando pela rua etc.
- Barrinha de cereais.
- Nozes e castanhas.
- Biscoitos, bolachas doces ou salgados e sem recheio.
- Bolos caseiros.
- Água de coco.
- Bebida láctea.

Invente. Experimente, economize tempo e mantenha a saúde.

Anexo F — Tabela de vitaminas e minerais

Vitamina	Fontes naturais	Principais funções	Sintomas de deficiência	Problemas por excesso
A	Fígado, gema de ovo, leite, manteiga, margarina, atum, queijo, creme de leite, leite em pó integral, frutas e hortaliças amarelas, alaranjadas e vermelhas e hortaliças verdes.	Mantém acuidade visual e previne cegueira noturna; tem atividade anticarcinogênica e contribui para o desenvolvimento fetal; atua sobre pele, mucosas e aumenta a resistência a infecções; pode diminuir o risco de diabetes.	Aumento na incidência de infecções, cegueira noturna, ressecamento da córnea e da pele, perturbação visual, atraso no crescimento.	Mãos e pés amarelados ou alaranjados, secura de mucosas, cabelos ralos, unhas quebradiças, dores ósseas e articulares, esplenomegalia, cefaleia, vômito, descamação, alterações hepáticas, hemorragia e coma.
B1 TIAMINA	Cereais integrais, vísceras, legumes, carne de porco e de vaca, feijão.	Auxilia no metabolismo de carboidratos, gorduras e proteínas; aumenta a absorção de oxigênio pelo cérebro; garante o crescimento; ajuda no funcionamento do sistema nervoso; aumenta a habilidade mental e o QI; protege contra morte súbita; auxilia no tratamento da herpes; participa da produção do ácido clorídrico (HCL); tem efeito antioxidante; mantém a integridade dos sistemas hepático e cardíaco; auxilia na formação dos glóbulos vermelhos e dos músculos.	Fraqueza muscular, nervosismo, distúrbios cardiovasculares, beribéri.	Geralmente não tóxica.

▼

Vitamina	Fontes naturais	Principais funções	Sintomas de deficiência	Problemas por excesso
B2 RIBOFLAVINA	Leveduras, farelo de trigo, carnes, vísceras, ovos, leite, peixes, queijos, vegetais folhosos, legumes, algumas frutas e leguminosas. Uma pequena parte é sintetizada por bactérias no intestino.	É importante no metabolismo dos carboidratos, lipídios e proteínas; atua nas reações de oxidorredução nas células, na formação de hemácias, na gliconeogênese e no crescimento celular; ativa a vitamina B6; é essencial para a liberação de energia e a eliminação de resíduos tóxicos produzidos durante a respiração celular; é antioxidante; protege contra anemias; auxilia na manutenção da mucosa gastrintestinal.	Glossite, estomatite angular, queimação nos lábios, dermatite anogenital, queimadura nos pés, fotofobia, tontura, tremor, anemia, seborreia, hiperdislipidemias, fadiga, lentidão mental, dor de garganta.	Geralmente não tóxica.
B3 NIACINA	Carnes magras, vísceras, levedura de cerveja, amendoim, aves, peixes, ovos, brócolis, cenoura, queijo, abacate, leite, batata, tomate, gérmen de trigo e grãos integrais.	É necessária ao funcionamento do sistema nervoso, no metabolismo dos carboidratos, das gorduras e das proteínas, na produção de ácido clorídrico; está envolvida na secreção normal da bile e do suco gástrico, na síntese dos hormônios sexuais; tem atividade hipocolesterolemiante; é necessária para manter a saúde da pele; melhora a memória.	Pelagra (dermatite, demência, diarreia e depressão), fraqueza muscular, anorexia, erupções cutâneas, fadiga mental, irritabilidade, aftas, constipação, náusea, vômito, hipertensão, aumento da resposta ao estresse oxidativo, Síndrome de Ménière.	Sensação de formigamento e enrubescimento da pele; possível interferência no metabolismo da metionina; hepatotoxicidade.

▼

Vitamina	Fontes naturais	Principais funções	Sintomas de deficiência	Problemas por excesso
B5 ÁCIDO PANTOTÊNICO	Fígado, rim, coração, salmão, ovos, levedura, brócolis, tomate, carnes magras, frango, aveia e outros cereais integrais, batata-doce, peixe, verduras frescas, cogumelos, centeio, gérmen de trigo, nozes, legumes, laranja, morango, amendoim, farinha de soja, carne de porco, língua de boi.	Conhecida como vitamina antiestresse, tem papel importante na produção de hormônios adrenais e na formação de anticorpos; ajuda na conversão de gorduras, carboidratos e proteínas em energia; é necessária a todas as células e está concentrada em todos os órgãos do organismo; está diretamente envolvida na produção de neurotransmissores; é necessária ao funcionamento normal do trato gastrintestinal e pode ser utilizada como suplementação na depressão e ansiedade; é essencial para a formação da porfirina, a porção pigmentar da molécula de hemoglobina.	Distúrbios no sistema nervoso, perda e embranquecimento de cabelo, úlcera do trato intestinal, danificação de diversos órgãos internos, fadiga, apatia, insônia, depressão, irritabilidade, inquietação, exaustão adrenal, hipotensão, náuseas, infecções pulmonares e respiratórias frequentes, dores musculares, hipoglicemia, aumento da resistência à insulina, artrite reumatoide, anorexia, constipação, desequilíbrio no metabolismo dos ácidos graxos e hormônios sexuais, parestesias e queda de cabelo.	Não foram encontrados efeitos colaterais nem reações adversas significativas com a ingestão excessiva dessa vitamina.

Vitamina	Fontes naturais	Principais funções	Sintomas de deficiência	Problemas por excesso
B6 PIRIDOXINA	Principalmente em alimentos de origem animal: carnes, frango, porco, peixes, leite, gema de ovo, fígado. Dentre os vegetais destacam-se: amendoim, banana, abacate, aveia, batata-inglesa, gérmen de trigo, levedo de cerveja, semente de girassol, nozes e cereais integrais.	Ativa enzimas envolvidas no metabolismo dos aminoácidos; mantém a integridade funcional do cérebro; ajuda na conversão do triptofano à niacina; está envolvida na síntese das porfirinas; essencial na glicogenólise; mantém a resposta imunológica, inclusive contra o câncer, e ajuda a controlar o diabetes; é importante na imunidade celular e humoral e na produção do ácido clorídrico; ajuda a manter o equilíbrio de sódio e potássio; potencializa a ação do magnésio, é útil no tratamento de alergias, artrite, asma; evita e alivia náuseas; alivia tensão pré-menstrual; atua em algumas formas de infertilidade; é necessária para a absorção da vitamina B12; é necessária à síntese normal de ácido nucleico; funciona como diurético natural; inibe a catarata.	Mudanças de personalidade, perda do senso de responsabilidade, hiperirritabilidade, depressão, ataxia, hiperacusia, neurite periférica, movimentos anormais de cabeça, agilidade e mobilidade alteradas, convulsões, náuseas e vômitos, dermatite seborreica, lesões nas membranas mucosas, hipertrofia das papilas gustativas, cálculos renais, tensão pré-menstrual, síndrome do túnel cárpico, retenção hídrica, parestesias, fadiga, artrites, eczema, acne, doença fibrocística da mama, autismo, asma, esquecimento dos sonhos, anemia, déficit de aprendizado, linfocitopenia, diminuição da imunidade, deficiência de várias vitaminas do complexo B.	Altas doses podem causar lesões nos nervos periféricos e reduzir o efeito da levodopa, droga utilizada contra a doença de Parkinson.

Vitamina	Fontes naturais	Principais funções	Sintomas de deficiência	Problemas por excesso
B7 BIOTINA	Leite, fígado e outras vísceras, cogumelos, amendoins, gema de ovo. Aparece em algumas frutas e vegetais. É fornecida pela síntese bacteriana no trato intestinal.	Atua como coenzima na fixação de CO_2; síntese de ácido graxo; homeostase da glicose; síntese de DNA; está relacionada com o metabolismo da vitamina B12 e do ácido pantotênico; atua no tratamento da acne e da seborreia; melhora a tolerância à glicose e reduz a glicemia.	Fadiga, anorexia, depressão, mal-estar, dores musculares, náuseas, anemia, hipercolesterolemia e alterações no eletrocardiograma, dermatite, glossite, anormalidades cardíacas; redução da tolerância à glicose.	Não foram relatados problemas com o excesso dessa vitamina.
B9 ÁCIDO FÓLICO	Folhas verdes, fígado, carnes, peixes, legumes, cereais fortificados, batata, pão de trigo integral, nozes, leguminosas e grãos.	Exerce função importante no metabolismo dos aminoácidos e na síntese de purinas e pirimidinas nos ácidos nucleicos; é essencial para a formação e manutenção das hemácias e leucócitos na medula óssea; evita más-formações do tubo neural no desenvolvimento fetal; pode ajudar a evitar nascimentos prematuros; aumenta a atividade biológica; pode ser útil no tratamento de depressão e ansiedade.	Alteração no metabolismo do DNA, crescimento pobre, anemia megaloblástica, leucopenia, diminuição de resistência a doenças, arteriosclerose, diarreia, hipocloridria, distúrbios no trato gastrintestinal, irritabilidade, anorexia, perda de peso, dor de cabeça, dispneia, palpitação, febre, feridas nos cantos da boca, confusão, fadiga, apatia, depressão, desorientação, problemas de memória, displasia cervical e certos cânceres.	Em excesso, pode causar cálculos renais, diminuição na absorção de zinco; pode favorecer disfunções neurológicas em indivíduos deficientes em vitamina B12; pode mascarar sintomas de deficiência de B12. Podem ocorrer reações de hipersensibilidade.

Vitamina	Fontes naturais	Principais funções	Sintomas de deficiência	Problemas por excesso
B12 CIANOCOBA-LAMINA	Fígado, coração, mariscos, ostras, gema de ovo, carnes, subprodutos do leite, camarão e lagosta. Alimentos de origem vegetal não contêm essa vitamina.	É nutriente essencial para todas as células do organismo; em sua ausência, o crescimento de tecidos é prejudicado; é necessária para a síntese de DNA; atua na formação da bainha de mielina dos nervos; está envolvida no metabolismo de gorduras, carboidratos e proteínas; está associada à absorção e ao metabolismo do ácido fólico.	Anemia perniciosa ou megaloblástica, alterações neurológicas, perda de memória, distúrbios de concentração e aprendizagem, alteração do humor, irritabilidade, depressão, redução de hipersensibilidade e do senso de posição, tontura, vertigens, psicose, anorexia, dor de cabeça, palpitação, fraqueza muscular, fadiga, língua vermelha, lisa e dolorida, constipação, hipocloridria, bursites, tendinites, ciática, asma, hipotensão postural, acidúria metilmalônica, aumento do tempo de coagulação sanguínea.	Reações alérgicas podem acontecer após injeção intramuscular dessa vitamina. A suplementação isolada pode mascarar sintomas de degeneração subaguda da medula espinhal.

Vitamina	Fontes naturais	Principais funções	Sintomas de deficiência	Problemas por excesso
C ÁCIDO ASCÓRBICO	Frutas e hortaliças frescas. As melhores são: acerola, laranja, limão, morango, brócolis, repolho, espinafre, goiaba, caju, batata, pimentão verde.	Necessária ao metabolismo de aminoácidos, colesterol, folacina; protege contra a toxicidade de metais pesados; é essencial para a produção de colágeno, hormônios adrenais, aminas vasoativas, carnitina; está relacionada com a cicatrização de feridas, fraturas, contusões, hemorragias puntiformes e sangramentos gengivais; promove resistência às infecções; aumenta a absorção de ferro não heme (oriundo de alimentos vegetais); protege a função pulmonar; tem ação antioxidante; inibe nitrosaminas cancerígenas; é anti-histamínica; atua no sistema imunológico de várias maneiras; ajuda a remover o colesterol da circulação; tem efeito antiaterogênico; atua na conversão do colesterol em ácidos biliares.	Escorbuto, histeria, tristeza, depressão, hiperatividade, hipocondríase, confusão, ansiedade, esquizofrenias, apatia, alteração de humor; sangramento gengival, nasal, petéquias e equimoses, arteriosclerose, hipercolesterolemias, perda de dentes, fraturas e dores ósseas, fragilidade capilar, veias varicosas, aneurismas; resfriados frequentes, insuficiência respiratória, anemia, infecções por metais pesados, cicatrização lenta, instabilidade vasomotora, alterações dermatológicas, estresse oxidativo, astenia, mialgia, fraqueza muscular, emagrecimento, anorexia, cefaleia, acne, baixa visão noturna, manifestações alérgicas, diminuição da resposta imunológica.	Diarreia, teste falso positivo para açúcar na urina, formação de cálculos renais.

▼

Vitamina	Fontes naturais	Principais funções	Sintomas de deficiência	Problemas por excesso
D CALCIFEROL	(Banhos de sol) Peixes gordos, fígado, leite e derivados, leveduras, cogumelos comestíveis e gema de ovo.	Principalmente metabolismo dos minerais cálcio e fósforo, contribuindo para a mineralização óssea, sustentação das funções neuromusculares e os processos celulares dependentes desses minerais; previne o desenvolvimento de doenças autoimunes como o diabetes tipo 1; atua na reprodução, secreção de insulina, diferenciação dos ceratócitos; está indiretamente relacionada com os processos de arritmias; é necessária ao funcionamento adequado da tireoide e à coagulação.	Raquitismo em crianças, osteomalacia e osteoporose em adultos; inquietação, irritabilidade, sudorese, diminuição do apetite, pernas em arco, joelho valgo, peito de pombo, bossas frontais cranianas, defeitos no esmalte dentário; redução da tolerância à glicose, secreção de citocinas inflamatórias.	Excessiva calcificação óssea e de tecidos moles, como rim, miocárdio, pulmões e membrana timpânica do ouvido; cefaleia, náusea, fraqueza, constipação, poliúria, polidipsia, distúrbios gastrintestinais, fragilidade óssea, crescimento retardado e retardo mental.

▼

Vitamina	Fontes naturais	Principais funções	Sintomas de deficiência	Problemas por excesso
E TOCOFEROL	Óleos vegetais ricos em poli-insaturados, sementes, oleaginosas, cereais integrais, aspargos, abacates, frutas vermelhas, vegetais de folhas verdes, tomates, ovos, leite e fígado.	Antioxidante, melhora a circulação; é necessária para a reparação tissular; auxilia em problemas com agregação plaquetária; é utilizada no tratamento de TPM, na doença fibrocística da mama, na prevenção de catarata e cãibras; acentua a atividade da vitamina A; parece prevenir hipercolesterolemia e arteriosclerose; parece também aliviar ou prevenir doença respiratória fibrocística, febre reumática, artrite, distrofia muscular, discinesia tardia, distúrbios menstruais, toxemias da gravidez, displasias mamárias, aborto espontâneo, esterilidade; confere proteção antioxidante contra câncer e o diabetes.	Danos às células nervosas, fraqueza muscular, coordenação pobre, movimento involuntário dos olhos, infertilidade, ruptura das células vermelhas do sangue, levando a uma anemia hemolítica.	Calcificação óssea pobre, decréscimo de hematócrito e aumento no tempo de protrombina.

Vitamina	Fontes naturais	Principais funções	Sintomas de deficiência	Problemas por excesso
K FILOQUINONA	Vegetais verdes como brócolis, espinafre, couve, alface, couve-flor e repolho; em óleos vegetais como canola, oliva e soja.	Ajuda na coagulação sanguínea; exerce papel significativo na mineralização dos ossos e fraturas; denota possível prevenção da osteoporose pós-menopausa; ajuda na conversão de glicose em glicogênio hepático; pode prevenir calcificação das artérias.	Aumento do tempo de coagulação sanguínea, hipoprotrombinemia, hemorragias, anemia, equimoses, má absorção de lipídios; doença hemorrágica em recém-nascidos; hemorragias, náuseas e osteoporose em gestantes; morte.	Sudação, rubor; pode estar relacionada com anemia hemolítica; icterícia em lactentes.
BORO	Alimentos vegetais, especialmente frutas não cítricas, vegetais folhosos, nozes e leguminosas.	Atua no metabolismo do cálcio, magnésio, potássio, fósforo, vitamina D e do estrogênio humano.	Osteoporose e sintomas da menopausa.	Náuseas, desconforto gástrico, vômitos e diarreia.
CÁLCIO	Leite, queijo, iogurte, sardinha com espinha, ostras, moluscos, folhas de nabo e de mostarda, brócolis, couve, leguminosas, frutas desidratadas, gergelim, repolho.	Construção e manutenção dos ossos e dentes; contrações musculares; ação dos neurotransmissores; regulação dos batimentos cardíacos; coagulação sanguínea; tônus muscular; controla a irritabilidade nervosa.	Tetania, osteoporose, hipertensão, câncer de cólon, hipertensão gravídica e pré-eclâmpsia.	Insuficiência cardíaca ou respiratória; nefrolitíase; síndrome da hipercalcemia e insuficiência renal com ou sem alcalose; interação com outros minerais.

Vitamina	Fontes naturais	Principais funções	Sintomas de deficiência	Problemas por excesso
COBRE	Ostras, fígado, rins, chocolate, nozes, leguminosas secas, farelo e gérmen de cereais, frutas secas, carnes, cogumelos, tomates, batata, banana, uva e mariscos.	Componente de muitas enzimas, tem ação antioxidante; é necessário para a ligação cruzada do colágeno e da elastina; atua na produção de energia mitocondrial e na síntese de melanina e catecolaminas.	Fragilidade anormal dos ossos; perda da elastina; aneurisma aórtico; artrite; anemia resistente a ferro; dificuldade de crescimento; leucopenia, neutropenia; doenças cardíacas; menor resistência às infecções; disfunções do sistema nervoso central; diminuição do HDL, hipercolesterolemia; falhas reprodutivas; pigmentação alterada; baixa utilização da glicose.	Náuseas, vômitos, diarreias, cãibras, dores abdominais, desatenção, anorexia, danos hepáticos, colapso vascular e morte.
CROMO	Levedo de cerveja, ostras, fígado, batata, frutos do mar, grãos integrais, frango, carne bovina, farelos de cereais.	Potencializa a ação da insulina; reduz o LDL; aumenta o HDL; otimiza o metabolismo lipídico; aumenta a massa magra.	Resistência à insulina; síndrome metabólica; diabetes; hipoglicemia; fadiga; níveis elevados de triglicérides e colesterol; doenças cardíacas; acne; aneurismas; loucura por açúcar; irritabilidade, alteração de humor; confusão mental; dificuldade de perder peso.	O cromo encontrado em alimentos e no organismo apresenta baixa toxicidade em humanos.

Vitamina	Fontes naturais	Principais funções	Sintomas de deficiência	Problemas por excesso
FERRO	Fígado, ostras, mariscos, rim, coração, carne vermelha, aves, peixes. As melhores fontes vegetais são feijões, grãos integrais, frutas secas (tipo de ferro pouco biodisponível ao organismo humano).	Formação dos glóbulos vermelhos, transporte de oxigênio e gás carbônico, transferência de elétrons, reações de oxidação/redução, produção de energia celular, proteção ao sistema imunológico, conversão de betacaroteno em vitamina A, síntese de colágeno, formação de purinas, remoção de lipídios do sangue, destoxificação de drogas do fígado, produção de anticorpos, síntese de carnitina, síntese de DNA e divisão celular, síntese de tiroxina (T4) e tri-iodotironina (T3).	Diminuição da imunidade, da capacidade de trabalho e da resistência ao esforço; diminuição da aprendizagem, do desenvolvimento mental e motor; favorece gravidez de risco, partos prematuros e abortos; alterações do aparelho digestório; estresse oxidativo; retardo no crescimento, falta de apetite, queda de cabelo, unhas frágeis, alterações da tireoide, depressão, tontura, sensibilidade ao frio; língua vermelha, lisa e dolorida; alteração do humor, irritabilidade; taquicardia; inchaço dos membros inferiores.	Constipação, náuseas, vômitos.
FLÚOR	Água fluoretada, bebidas e produtos infantis preparados ou reconstituídos com água fluoretada, chás e alguns peixes marinhos.	Reduz o desenvolvimento de cáries dentárias em crianças e adultos.	Cáries dentárias em dentes primários (de leite) ou permanentes.	Fluorose dentária, que pode ser leve, moderada ou grave.

▼

Vitamina	Fontes naturais	Principais funções	Sintomas de deficiência	Problemas por excesso
FÓSFORO	Carnes, leite e ovos. Cereais e outros alimentos vegetais têm fósforo em forma de fitato, pouco biodisponível ao organismo humano.	Constituinte de DNA e RNA; ligações de fosfato são as principais fontes de energia dos seres vivos; constituinte das membranas celulares e dos ossos; controlador de diversas atividades enzimáticas.	Perda de apetite, desenvolvimento de torções nas juntas, ossos frágeis, aumento da suscetibilidade a infecções; aumento da excreção urinária de cálcio, magnésio e potássio; redução da hemoglobina, anemia hemolítica, disfunção das plaquetas e de leucócitos; hiper ou hipoventilação; fraqueza generalizada, miopatia proximal; parestesia, confusão, acessos, tremor, coma, ataxia; hipoparatireoidismo funcional, intolerância à glicose; osteomalacia com dores ósseas e pseudofraturas; cardiomiopatia reversível, redução da resposta vascular de vasopressores; hipofosfatúria, acidose metabólica hiperclorêmica.	Hipocalcemia e hiperparatireoidismo, além de hipocalcemia e tetania em crianças.
IODO	Sal iodado, frutos do mar, peixes marinhos.	Componente dos hormônios da tireoide que regulam a taxa metabólica, calorigênese, termorregulação, crescimento e desenvolvimento de diversos órgãos, síntese proteica e atividade enzimática.	Retardo mental, hipotireoidismo, bócio, cretinismo, anormalidades de crescimento e desenvolvimento.	Dores de cabeça, vermelhidões, gosto metálico e redução da função tireoidiana.

▼

Vitamina	Fontes naturais	Principais funções	Sintomas de deficiência	Problemas por excesso
MAGNÉSIO	Leguminosas, sementes, nozes, grãos de cereais integrais, tofu, vegetais de folhas escuras, frutos do mar, carnes.	É cofator de mais de trezentos sistemas enzimáticos; indispensável no metabolismo do ATP (energia); essencial a uma série de processos metabólicos, como utilização de glicose, síntese de lipídios, proteínas e ácidos nucleicos, contração muscular e transporte de membrana; regula o metabolismo do cálcio; é necessário ao sistema imunológico.	Falta de memória, perda de concentração, apatia, depressão, confusão, alucinações, ideias paranoicas, sintomas neuromusculares, anormalidades no eletrocardiograma, arritmias, morte súbita e baixo nível de cálcio e potássio; dentes e ossos defeituosos; cálculo renal, agregação plaquetária, espasmos esofágicos, cólicas menstruais, hipertensão, resistência à insulina, câimbras, osteoporose, predisposição ao estresse.	Desaparecimento do reflexo do tendão, sonolência, respiração difícil, anormalidade no eletrocardiograma, hipotensão, cansaço, hipocalcemia, náuseas, vômitos, problemas cutâneos.
MANGANÊS	Cereais integrais, nozes, chá, leguminosas e folhas.	Está associado à formação de tecido conjuntivo e ósseo, a crescimento e reprodução, e ao metabolismo de carboidratos e lipídios; atua na síntese de colesterol; sua presença na tireoide é relacionada positivamente com a síntese e liberação de T3 e T4; previne processos alérgicos.	Diabetes, processos inflamatórios crônicos, lesões frequentes de cartilagens, ligamentos, tendões e articulações; dores persistentes e recidivantes na coluna; alergias; osteoporose, artrite; má-formação congênita; diminuição do HDL; insuficiência cardíaca; alteração do equilíbrio; aumento do estresse oxidativo; degeneração de disco vertebral; perda de peso, dermatite transiente, náuseas, vômitos, crescimento lento do cabelo, da barba e das unhas; rachaduras na pele.	A toxicidade oral desse mineral é relativamente rara.

▼

Vitamina	Fontes naturais	Principais funções	Sintomas de deficiência	Problemas por excesso
MOLIBDÊNIO	Leguminosas, grãos de cereais integrais, nozes, leite e seus derivados e vegetais de folhas escuras.	Atua como cofator de uma série de enzimas no organismo humano.	Câncer, alergias alimentares, cáries dentárias, dificuldade de eliminação de toxinas; alteração do ritmo cardiorrespiratório, dor de cabeça, desorientação, náuseas e vômitos; danos neurológicos, morte.	É considerado atóxico.
POTÁSSIO	Frutas, vegetais, cereais, leguminosas e carnes.	Está envolvido na manutenção dos equilíbrios hídrico normal, osmótico e ácido-básico; participa da regulação da atividade neuromuscular; é necessário ao metabolismo de carboidratos e proteínas; promove o crescimento celular; atua na formação e manutenção dos músculos.	Ressecamento da pele, acne, calafrios, diarreia, diminuição das funções cognitivas, espasmos musculares, sede, intolerância à glicose, insônia, colesterol elevado, pressão baixa.	Arritmia e falência cardíaca.

Vitamina	Fontes naturais	Principais funções	Sintomas de deficiência	Problemas por excesso
SELÊNIO	Castanha-do-pará, atum, arenque, miúdos, levedo de cerveja, gérmen de trigo, farelo, brócolis, couve, cebola, alho, repolho, rabanete e tomate.	Tem ação antioxidante; protege contra um amplo espectro de doenças e contra os raios ultravioleta; previne aumento de toxicidade de metais tóxicos; é fundamental para higidez dos espermatozoides; tem ação imunoestimulante; participa da conversão de T4 em T3; previne câncer; aumenta o HDL.	Pele seca, dores musculares; cardiomiopatias; aumento do colesterol no plasma; infecções repetidas; distrofia muscular; piora da catarata; necrose hepática; crescimento retardado; pelagra infantil; deficiência no ciclo respiratório; propensão a câncer ou toxicidade de mercúrio; estresse oxidativo; doenças degenerativas; deficiências imunológicas; artrite reumatoide, eczema, psoríase; doenças cardíacas; síndrome da morte súbita de bebês.	Erupções cutâneas, pele amarelada, artrite crônica, hálito de alho, lassidão, palidez, irritação, dentes descoloridos e estragados, unhas atróficas e quebradiças, desarranjos gastrintestinais, perda de cabelo, diabetes, lesões hepáticas e renais, tumores malignos e gosto de metal na boca.
SÓDIO	Sal de cozinha comum, frutos do mar, alimentos de origem animal, alimentos industrializados.	Regula a osmolaridade, o pH e o volume dos líquidos corpóreos.	É muito difícil que ocorra alguma carência sem que haja alguma alteração clínica.	Alterações cardiovasculares, edemas, hipertensão arterial, deficiência de potássio, doenças hepáticas e renais.

Vitamina	Fontes naturais	Principais funções	Sintomas de deficiência	Problemas por excesso
ZINCO	Ostras, frutos do mar, peixes, fígado, carnes vermelhas. Boa concentração em aves, cereais integrais, leguminosas, levedo de cerveja, milho e alguns vegetais (menos biodisponível).	Participa em mais de 200 enzimas e suas ações no organismo; é importante na regulação genética; intervém no controle cerebral dos músculos e no metabolismo de proteínas e carboidratos; auxilia na oxigenação dos tecidos.	Crescimento lento em crianças; perda de apetite; queda de cabelo; disfunção imune; hipogonadismo; baixa acuidade de paladar; infecções frequentes e severas; distúrbios do sono e de comportamento; dificuldade de cicatrização; doenças psiquiátricas; doenças inflamatórias do intestino; síndrome metabólica, intolerância à glicose; síndrome da má absorção; decréscimo da visão noturna; impotência e infertilidade; acnes e espinhas; alteração da menstruação; caspa e manchas brancas nas unhas; osteoporose.	Náuseas, vômitos, dores abdominais. Interfere na absorção de cobre, anemia; diminuição da coordenação motora e fadiga.

Fontes: Carreiro, 2007, e Costa e Peluzio, 2008.

Referências bibliográficas

AGÊNCIA NACIONAL DE VIGILÂNCIA SANITÁRIA. Portaria n. 398, 30/04/99.

ALMEIDA, S. S.; NASCIMENTO, P. C.; QUAIOTI, T. C. B. "Quantidade e qualidade de produtos alimentícios anunciados na televisão brasileira". *Rev. Saúde Pública*, v. 36, 2002, p. 353-5.

BRASIL – MINISTÉRIO DA SAÚDE. *Guia alimentar para a população brasileira – Promovendo a alimentação saudável*. Brasília, 2006

BRASIL – MINISTÉRIO DA SAÚDE/UNICAMP. Tabela Brasileira de Composição de Alimentos (Taco), 2006.

CARREIRO, D. M. *Entendendo a importância do processo alimentar*. 2. ed. São Paulo: Edição do Autor, 2007.

COSTA, N. M. B. C.; PELUZIO, M. C. G. *Nutrição básica e metabolismo*. Viçosa: Editora da UFV, 2008.

MIDIATIVA – CENTRO BRASILEIRO DE MÍDIA PARA CRIANÇAS E ADOLESCENTES. "Brasileiro vê TV mais de 5 horas por dia". Disponível em: <http://www.midiativa.tv/blog/?p=650>. Acesso em: 2 fev. 2010.

PHILIPPI, S. T. *et al.* "Pirâmide alimentar para crianças de 2 a 3 anos". *Revista Brasileira de Nutrição*, Campinas, v. 16, n. 1, jan-mar 2003.

PINHEIRO, A. B. V. *et al. Tabela para avaliação de consumo alimentar em medidas caseiras*. 5. ed. Rio de Janeiro: Atheneu, 2005.

RAMALHO, A. *Fome oculta – Diagnóstico, tratamento e prevenção*. São Paulo: Atheneu, 2009.

REPÚBLICA FEDERATIVA DO BRASIL. *Diário Oficial*. Resolução n. 408, de 11 de dezembro de 2008.

RIQUE, A. B.; PORTELLA, E. *Novos conceitos de alimentação saudável e tabela de equivalências*. São Paulo: Tecmedd, 2008.

leia também

LIVRO DOS ALIMENTOS
Paulo Eiró Gonsalves

Esta obra, vencedora de um prêmio Jabuti, tem tudo que pode interessar às pessoas que gostam de cuidar de sua alimentação. Além de analisar os vários nutrientes, passa em revista praticamente todos os alimentos habitualmente consumidos no Brasil, analisando vantagens e desvantagens de cada um. O autor é um respeitado médico, estudioso de nutrição, com vários livros publicados.

REF. 50027   ISBN 85-7255-027-5

COMO EU COMO?
Paulo Eiró Gonsalves

As pessoas, felizmente, têm se preocupado cada vez mais com o que comem. Mas é preciso dar atenção também a como fazemos nossas refeições, e este é o objetivo deste livro. Fatores como o horário, o ambiente, os utensílios utilizados, o aspecto visual do prato e a escolha de dietas são agregados aos sábios conselhos alimentares deste conceituado médico e escritor.

REF. 50034   ISBN 85-7255-034-8

CARNE DE SOJA
40 RECEITAS GOSTOSAS E SAUDÁVEIS
Irene Olkowski

Já se sabe que a soja é um dos alimentos mais completos que há na natureza. A proteína texturizada, popularmente conhecida como carne de soja, é uma opção excelente para substituir a carne animal, mas frequentemente rejeitada por sua textura e falta de sabor. A autora prova que é possível fazer comida gostosa com essa matéria-prima. O livro apresenta 40 receitas deliciosas que fazem bem à saúde.

REF. 50036   ISBN 85-7255-036-4

FRUTAS QUE CURAM
Paulo Eiró Gonsalves

Há muito tempo são conhecidas as virtudes curativas das frutas, largamente empregadas no tratamento dos mais diversos males. Neste livro o dr. Paulo Eiró apresenta as propriedades terapêuticas e o modo de emprego das frutas nas várias doenças. De forma extremamente prática, o leitor terá informações sobre as várias doenças, bem como sobre as frutas utilizadas para seu tratamento.

REF. 50028   ISBN 85-7255-028-3

mg
MG EDITORES

COMIDA DE CRIANÇA

CADASTRO PARA MALA DIRETA

Recorte ou reproduza esta ficha de cadastro, envie completamente preenchida por correio ou fax, e receba informações atualizadas sobre nossos livros.

Nome:_____ Empresa:_____

Endereço: ☐ Res. ☐ Coml. _____ Bairro:_____

CEP: _____-_____ Cidade: _____ Estado: _____ Tel.: ( ) _____

Fax: ( ) _____ E-mail: _____ Data de nascimento: _____

Profissão:_____ Professor? ☐ Sim ☐ Não Disciplina: _____

1. Você compra livros:

☐ Livrarias   ☐ Feiras
☐ Telefone   ☐ Correios
☐ Internet   ☐ Outros. Especificar:_____

2. Onde você comprou este livro?

3. Você busca informações para adquirir livros:

☐ Jornais   ☐ Amigos
☐ Revistas   ☐ Internet
☐ Professores   ☐ Outros. Especificar:_____

4. Áreas de interesse:

☐ Psicologia   ☐ Corpo/Saúde
☐ Comportamento   ☐ Alimentação
☐ Educação   ☐ Outros. Especificar:_____

5. Nestas áreas, alguma sugestão para novos títulos?

_____
_____
_____

6. Gostaria de receber o catálogo da editora? ☐ Sim ☐ Não

Indique um amigo que gostaria de receber a nossa mala direta

Nome:_____ Empresa:_____

Endereço: ☐ Res. ☐ Coml. _____ Bairro:_____

CEP: _____-_____ Cidade: _____ Estado: _____ Tel.: ( ) _____

Fax: ( ) _____ E-mail: _____ Data de nascimento: _____

Profissão:_____ Professor? ☐ Sim ☐ Não Disciplina: _____

MG Editores
Rua Itapicuru, 613 7º andar 05006-000 São Paulo - SP Brasil Tel. (11) 3872-3322 Fax (11) 3872-7476
Internet: http://www.mgeditores.com.br   e-mail: mg@mgeditores.com.br